들꽃
사모의 노래

들녘에 핀 꽃처럼 아름다운 신앙이야기

들꽃
사모의 노래

들녘에 핀 꽃처럼 아름다운 신앙이야기

이은숙 지음

kmc

추천의 글

참 아름다운 노래! 가슴 뭉클함으로 코끝을 시리게 하고 눈시울 붉게 하는 삶의 노래! 꾸밈도 없고 숨기거나 다듬지 않은 들꽃 같은 노래, 삶이 그대로 묻어 있고 땀내 풀풀 나지만 결코 싫지 않은 삶의 노래를 듣는듯합니다. 나는 누구일까? 이름은 없지만 향기 있는 꽃! 들꽃 사모! 참 아름다운 삶 그 자체를 보았습니다. 내가 알았던 그때부터 지금까지, 그리고 끝까지 그러실 분. 하나님을 향한 믿음이 돌쇠처럼 충직한 남편 목사님이신데, 그 목사님보다 한수 위이신 사모님이 계심을 깨닫게 됩니다. 대한민국 모든 사모님들께 이 책을 추천합니다.

　　　　　　　　　　　　　　　－ 박계화 목사(함께하는교회)

겨울이 가고 말랐던 가지가지마다 꽃이 피어 봄이 오듯, 목회자

아내의 삶과 그리스도에 대한 절절한 사랑 이야기가 메마른 이 시절에 신선하게 새로운 감동으로 기쁨을 안겨줍니다. 많은 목회자 부부가 읽었으면 합니다.

– 이상조 목사(고북교회)

저자는 아브라함이 이삭을 바칠 때 말없이 하나님의 뜻을 따라 순종한 사라처럼, 사무엘을 하나님께 드렸던 한나의 심정으로, 옥합을 깨뜨려 하나님께 헌신해왔습니다. 이 책은 농어촌 목회에 인생을 바치고, 개척한 교회와 중국 선교에 힘써온 이이규 목사님의 동반자요 사모요 아내이며 결혼한 지 13년 만에 얻은 사무엘의 어머니로서의 아픔과 감사의 체험들을 그대로 적은 글입니다. 신혼여행을 기도원으로 갈 정도로 고지식한 목회자, 하나님밖에 모르는 목회자, 그러나 영적으로 깨어 있고 능력 있는 목회자. 그러기에 이 글은 은혜와 도전이 되고 생동감이 넘칩니다. 살아계신 하나님이 이이규 목사님과 이은숙 사모님을 통하여 무너져가는 교회들을 다시 세우시고 사명자들을 길러낸 것처럼 앞으로 행하실 일들을 기대하며 이 책을 감히 추천합니다.

– 이의규 목사 (삼능교회, 서서울 노회장)

　어려운 미자립교회를 목회하는 남편을 따라 가난과 시련의 길을 걸으면서도 목양에 지친 남편을 내조하고 기도하며 지나온 30여 년의 세월, 때를 따라 도우시는 하나님께 감사하며 읊은 「들꽃 사모의 노래」를 읽어보았습니다. 지난날 무엇이 없어서 부족한 것이 아니라, 무지(無知)에서 묻어나오는 불안과 불평 그리고 부족감에 시달려왔음을 부끄럽게 생각합니다. 그리고 "들에 백합화를 보라 솔로몬의 모든 영광으로도 이 꽃 하나만 같지 못하다" 하신 주님의 말씀이 모든 보화를 쌓아둔 어느 보물창고보다도 더욱 풍성함을 깨달으며 감사의 기도를 드렸습니다. 미자립교회 목회에 헌신하는 목회자를 내조하는 사모님들에게 좋은 책이라고 생각하여 감히 추천하는 바입니다.

- 이춘직 감독

영혼을 향한 진통으로 울고 웃었던 눈물의 흔적이 묻어나기에 저자의 간증은 더욱 값진 보석과 같습니다. 한 장 한 장 읽어내려 갈 때마다 목사님 사모님과 함께하신 하나님의 사랑을 잔잔한 감동으로 느낄 수 있을 것입니다. 들꽃의 향기가 더욱 오래 가듯이 부디 이 글을 읽는 사람들마다 들꽃 사모님이 부르는 하나님을 향한 노래가 널리 울려 퍼지기를 소망합니다.

- 임영훈 감독(한사랑교회)

들꽃처럼 자기에게 주어진 자리를 성실하게 지켜가는 아름다운 이야기를 전해 주신 저자에게 감사합니다. 우리의 신앙은 큰 사건이나 기적보다는 날마다 반복되는 잔잔한 일상 속에서 뿌리내리고 자라고 열매 맺습니다. 이 책을 읽는 모든 독자들이 작은 자리에서 충성하는 이들을 찾아가시며 복 주시는 우리 하나님을 만나, 예수님의 향기를 드러내는 귀한 삶을 사시기를 기원합니다.

— 장종현(백석학원 설립자)

들꽃 사모의 노래! 들꽃 여왕 벌금다지꽃이다. 이은숙 님의 노래는 향기, 비전, 꿈, 사랑 담뿍, 미라클! 마리아, 에스더, 한나, 베로니카 하모니 되어 너울너울 춤춘다. 감동의 드라마!

— 문아 정진삼 목사
(웨슬리출판문화원 사무총장, 감리교문인회 부회장)

우리는 빠르게 많은 것을 잃어가고 있습니다. 반짝이는 보석을 얻기 위해 달과 별빛의 여유를 포기합니다. 교회도 예외는 아니라서 슬픕니다. 숨어서 드러나지 않고 다 받아내며 끝까지 참는 여성성과 어머니의 모습을 잃어버리고, 강하고 화려하며 앞장서는 목사 부인들이 대표적입니다. 여전히 촌스럽고 무엇이든지 맨 가슴으로 받아내는 사모님의 어눌한 이야기가 반가운 이유입니다.

– 황대성 목사(대소원교회)

머리말

나는 기쁘고 행복한 날에는
'오월의 신부(bide of may)' 옷을 입는다.
왜냐하면 꽃이 있기 때문이다.
길에서 옷을 살 때에도, 꼭 무슨 꽃이 그려져 있나 살펴본다.
그런데 어느 날 문득
'나는 누구일까?' 생각해 보았다.

그래, 나는 무슨 꽃이지?
꽃처럼 거짓 없이 활짝 피어보니, 어! 향기 있는 꽃이잖아.
그런데 이름을 모르겠다.
그래. 그럼, '들꽃 사모' 라고 이름 지어주자.

꽃이 아름다운 것은
자기 모습을 거짓 없이 드러냄으로써
거짓, 조롱, 증오, 좌절이 숨지 못하기 때문이다.

이야~, 장미꽃이네!
이것은 패랭이꽃, 콩꽃, 감자꽃….
그리고 들과 산의 이름 모를 들꽃들이
철을 따라 세상을 아름답게 하네.
그리고 열매를 맺는구나!

어느 날 등산을 하다가 쉬는데,
어디선가 솔솔 향기가 나는 것이 아닌가!
바로 내 발치 앞에서,
돌에 잔뜩 눌려 있는 제비꽃이 진한 향기를 흩뿌리고 있었다.
나는 얼른 돌을 치워 주었다.
사명은 이렇게 귀한 것이로구나!
그래, 두려워하지 말고 있는 대로 꽃을 피워 보자.
순 내고 줄기를 높이 들어
산과 들과 강, 그리고 도회지, 시궁창에도 줄기차게 피워 내자.
활짝 핀 꽃들은 모두 아름답다.

C·o·n·t·e·n·t·s 차례

01

어린아이가 내게 오는 것을
금하지 말라

소금 걷는 사람들과 그 기구들

　나는 하나님이 주신 천혜의 아름다운 자연, 서해안 바닷가에서 태어났다. 아버지의 고향은 황해도 해주라고 했다. 할아버지의 무덤은 이북에 있었고, 때문에 아버지와 할머니는 명절 때마다 우울해하셨다. 아버지는 열셋이라는 어린 나이에 할머니와 함께 어린 동생들을 위해 중노동을 해야만 했다. 그러다 어느덧 아버지는 바닷가에서 염전 사업을 하게 되었다. 해질 무렵 뒷동산에 올라서 보면, 염부들이 소금을 거두는 장면은 명화의 한 장면처럼 참으로 아름다웠다.

　대식구를 거느린 어머니는 항상 농사와 뒤란에 가마솥을 걸고 염부꾼들에게 점심과 곁두리를 해 주느라 바빴다. 뒤란 울타리에 개나리가 노랗게 물들 때면, 바쁜 와중에도 노란병아리들을 부화시켜 꽃 울타리 사이로 종종거리며 다니게 했다. 나는 병아리를 종종 쫓아다니다가 싫증나면 울타리 옆 흐르는 물에 던져 버렸다. 그러면 어머니는 나를 잡으러 울타리를 맴돌곤 하셨다.

우리 집은 민물과 썰물이 교차되는 조그마하고 아담한 바닷가에 있었다. 단 네 집만이 모여 사는 외로움이 있었지만, 가끔씩 고깃배가 들어와 쉬었다 가곤 했다. 선원들은 싱싱한 꽃게와 생선을 주면서 김치를 얻어 갔다. 5~7월이면 뚝 위에 핀 해당화들이 물결 위에 곱게 비치곤 했다. 뚝 위에 핀, 붉게 타오르는 해당화는 나의 좋은 친구였다. 열구(悅口)라고 불렸던 해당화 열매는 달착지근하였다. 우리 집은 일본 사람들이 지어 놓은 별장이었는데, 유리 창문이 많았다. 벚꽃 철이 되면 달빛에 눈부신 벚꽃들을 바라보며 꿈나라로 갔다. 그리고 가을이면 어여쁘게 익은 감들이 여러 가지 이야기를 해 주었다. 산에는 밤나무가 많아서 가을이면 땅속을 파고 밤을 저장하는 일을 거들었다.

그런데 우리 가정에는 늘 어두운 그림자가 드리워져 있었다. 그 당시에는 몰랐지만, 바닷가에서 사업을 하시는 부모님의 무속신앙(巫俗信仰)이 원인이었다. 바위 할머니라고 부르는 전속 무당을 두고서 시시때때로 굿을 하였다. 굿을 하는 날이면 어머니는 목욕재개를 하고 시루떡에 짐을 올리는 등 난리였고, 바위 할머니는 굿판을 벌이며 시퍼런 작두 위에서 춤을 추었다. 우리들은 마냥 재미있어 했다. 그 할머니는 굿을 하고 나면 대나무에다 돈을 잔뜩 걸어서 바닷가 모래밭에 세워 놓았다. 그러면 오빠(이종사촌 오빠)와 나는 달리기 시합을 해서 그곳까지 가 돈을 걷어 왔다. 일찍이 부모님을 잃어버린 오빠는 나와 같이 어머니 젖을 먹고 함께 자랐다. 무척 개구쟁이였는데, 봄마다 논에서 개구리를 잔뜩 잡아와 내 앞치마에 넣고 다녀서 어머니한테 야단맞곤 했다. 봄과 여름에는 벚, 앵두, 오디, 산딸기 열매를 따서 호주머니마다 담고 다녔는데, 그 때문에 옷마다 붉게 물들어 성한 옷이 없었다.

과방이라는 비밀스러운 방에 들어가면, 어머니가 철을 따라 손수 만드신 송화다식, 조청, 콩엿무침, 과줄, 수수팥떡, 찰인절미, 감주, 수정과며 쑥절편 등 먹을 것이 넘쳐났다. 나와 오빠는 몰래 훔쳐다가 옆집 남숙이와 커다란 알사탕으로 바꿔 먹었다. '지금 어머니는 그 일을 하지 못해 답답해서 어떻게 누워 계실까?' 생각하니 마음이 아프다. 이른 새벽 누구보다도 먼저 이슬 젖은 채마밭에 나가 채소를 키워 낸 어머니! 보리방아 찧고 맷돌 돌려가며 자식 키우느라 마르고 닳도록 일한 한국의 위대한 어머니들 중에 한 분이시다.

오빠와 나는 집 앞 저수지에 나무를 띄우며 댄마 놀이를 했다.

빠져 봐야 허리니까 겁날 것이 없었지만, 어머니 때문에 달밤에 몰래 나가 하기도 했다. 오빠는 나에게 있어 많은 놀이의 선도자였다. 저수지가 마르면 비단조개를 잡았다. 조개의 구멍은 열쇠 구멍처럼 생겼다.

어느 날, 땅거미가 지는 어두컴컴한 저녁에 소나무에 매여 있던 고깃배의 밧줄을 끊고 진짜 바다를 항해하기 시작했다. '배가 미끄러지듯 간다'는 말이 이해가 가는 순간이었다. 그 당시 생생하게 느꼈던 두려움과 공포는 지금까지도 잊지 못하고 있다.

이처럼 오빠는 나의 어린 시절을 윤기 있게, 그리고 신명나게 만들어 주었는데, 안타깝게도 사십이라는 짧은 생애로 삶을 마감하고 지금은 하늘나라에 있다.

아버지께서는 미수꾸리(소금을 파는 날)를 하는 날에는 술을 더 드시고 오셔서, 보자기에 싼 돈을 대청마루에 던져 놓고는 누워서 "가련다. 떠나련다. 어린 아들 손을 잡고……."라는 노래를 부르셨다. 피난 시절을 생각하며 부르시는 그 노래를 들을 때마다 나는 '우리를 데리고 또 어디로 가시려나!' 하고 불안해했다. 왜 그런지 바삭하고 새파란 지폐 다발을 보면 무서운 느낌이 들었다. 소금 값이 올라서 동네에서는 우리를 부자라고 했다. 소금 값과 쌀 값이 비슷했던 때였다.

어린 나이에 겪은 전쟁과 가족 부양에 대한 상처가 있는 아버지의 쫓기는 듯한 불안감과 허무는, 시편 16장 4절 "다른 신에게 예물을 드리는 자는 괴로움이 더할 것이라."는 말씀 그대로였다. 아버지가 사랑했던 누나, 동생들이 모두 젊은 나이에 세상을 떠났다.

하루는, 우리 옆집에 살면서 교회 주일학교 선생님을 하셨던 박남석 씨 집에서 오늘 자기 집에서 속회를 보는데 팥죽도 먹을 겸 오라며 나와 오빠를 초대했다. 오빠와 나는 아무 생각 없이 그 집에 가서 처음으로 속회 예배라는 것을 보고 팥죽도 얻어먹었다. 나는 예배를 보는 동안 마음이 밝아짐을 느꼈다. 그래서 "어머니, 나 교회 다니면 안 돼요?"하고 조심스럽게 여쭈었더니 쉽게 허락해 주셨다.

오빠와 나는 주일이면 교회에 갔다. 그리고 밤 예배도 드렸다. 교회로 가는 산 길목에 있는 찔레꽃이 어둠 속에서 하얀 보석처럼 빛났다. 우리는 호롱불을 들고 다녔는데, 묘지 있는 곳이 제일 무서웠다. 초등학교 1학년 담임이셨던 박정희 선생님은 우리에게 귀신 이야기를 너무 많이 해 주셨다. 달걀귀신이라든가, 머리 풀어 헤친 귀신 등 어떤 날은 진땀까지 흘렀다.

그러나 그것은 문제가 되지 않았다. 어느 날부터 어머니께서 교

회에 너무 깊이 빠지면 안 된다고 하시면서 일찍 대문을 걸어 잠
그셨던 것이다. 하지만 나와 오빠는 몰래 대문을 넘어 다녔다. 오
빠는 활발한 성격 때문에 교회에서 인기가 많았다. 여러 연극 활
동이나 교회 생활 등에 재미를 느꼈고, 나는 성령의 감화를 받아
가고 있었다.

초등학교 때 나는 부끄러움을 심하게 탔다. 국어책을 읽을 때
"바둑아!" 하곤 책상 밑으로 들어갔다가 다시 나와서 "이리와." 했
다. 얼굴이 해당화 열매처럼 붉어진다고, 담임선생님께서 '땡마
루'라는 별명을 붙여 주셨다. 학교에서 돌아올 때 나는 꼭 언덕 위
에 있는 교회에 들려서 기도를 했다. 목사님이 기특하다며 머리를
쓰다듬어 주셨다.

하루는 교회에 들어가서 기도하려는데, 라디오에서나 들었던
피아노 소리가 교회 안에서부터 울려 나왔다. 가만히 창문으로 들
여다보니 유곡초등학교 선생님이 피아노를 치고 계셨다. 나는 그
소리가 너무 듣기 좋아 한참을 허리에 책보를 두른 채 교회 벽에
기대어 듣고 서 있었다. 피아노도 처음 보았다. '학교 선생님이 어
째서 오늘 우리 교회에서 피아노를 치시는 것일까?' 그 당시 초등
학교에는 피아노가 없었다. 교회에 못 들어가게 된 나는 "하나님,
저 피아노 치게 해 주세요." 하고 기도하고 돌아왔다.

나중에 안 일인데 도시 교회에서 우리 교회에 피아노를 기증했고, 학교 선생님이 우리 앞집의 재환이네 가정교사로 오면서 교회 피아노 반주를 맡기로 했던 것이었다. 그 선생님은 폐가 무척 나빠서 공기가 좋은 바닷가에서 살아야 한다고 했다. 별다른 수가 없었던 나는 묵도송을 할 때마다 눈을 뜨고 어떻게 피아노를 치시는지 유심히 살펴보았다. 그러다가 그만 선생님과 눈이 마주치고 말았다. 그 후로는 다시는 기도할 때 눈을 뜨지 않았다.

그러던 어느 날 꿈을 꾸었는데, 내가 어느 어두운 큰 길가에 앉아 있었다. 그 길은 소망이 없는 길이었다. 그런데 갑자기 왁자지껄 떠드는 소리가 나더니, 저 멀리서부터 예수님의 제자들이 걸어오고 있었다. 아마 예수님이 그 길을 지나가실 예정인 것 같았다. 어디로든지 피해야 된다고 생각했다. 밝고도 밝은 그 빛을 감당할 수가 없었다. 예수님의 제자들도 나를 보더니 귀찮은 듯 빨리 저리로 가라고 화를 버럭 냈다. 그런데 바로 그때 참으로 놀라운 음성이 들려왔다. "어린아이가 내게 오는 것을 금하지 말라. 그 아이를 내게로 데려 오너라." 하시는 것이었다. 나는 너무 놀라고 기뻤다. 그렇게 무섭게 굴던 제자들도 금방 상냥해져서 나를 예수님 앞으로 데리고 갔다. 나는 감히 얼굴을 들 수가 없었다. 놀랍게도 예수님은 내 이름을 부르시면서 "이 아이가 자라면 나를 위해서 큰일을 할 것이다." 하고 머리에 손을 얹어 주셨다. 꿈에서 깬 나는 너무 기뻤다. 그리고 그 꿈 이야기를 아무에게도 말하지 않고 나만의 비밀로 했다.

내가 교회에 열심히 다니는 중에 잘생긴 남동생이 태어났다. 그런데 이름도 모를 질병에 시달리다가 뒷동산에 묻혔다. 그 일로 슬퍼하시던 어머니는 교회를 다니기 시작했고, 머리가 곱슬곱슬하고 얼굴이 빨간 남동생이 새로 태어나 위로를 받으셨다.

우리 집안에서는 젊은 사람들이 많이 죽어 갔다. 전화도 없던 시절이라 깊은 밤에 전갈을 받고서 슬퍼하며 울부짖던 소리는 지금 생각해도 어린 나에게는 두려운 경험이었다. 서른 갓 넘은 나이에 아이 4명을 데리고 홀로 된 작은어머니는 작은아버지 장례식을 치르고 난 뒤 갑자기 고추장 단지를 붙잡고 울었다. 장례식 때 고추장을 다 먹었으니 올해 애들하고 어떻게 사느냐며 우셨다. 그러자 동네 부인들이 자기 집에서 고추장을 퍼다 가득 담아 주었다. 어른들은 작은어머니를 향해 "숙희 엄마는 충분히 애들 잘 키우고 살 것이다."며 용기를 주는 말씀들을 해 주셨다. 그 말씀대로 되어, 지금은 권사님이 되셨고 자녀들도 잘 성장해서 참 감사하다.

우상 숭배의 죗값이었을까? 아버지의 마음은 늘 허무에 시달렸고, 평안이 없었으며, 불안해했다. 가족인 우리도 덩달아 불안했다. 그러다가 아버지의 사업이 일어설 수 없을 정도로 실패하고 말았다. 아버지는 나에게 초등학교 선생님을 하다가 결혼하라고 하셨다. 돌아가실 때까지도 말씀을 드리지 못했지만, 마음속으로 목회를 하고 싶다고 하나님께만 말씀드렸다.

나는 아버지 곁을 떠나서 서울에 계신 막내 작은아버지와 살게 되었다. 작은어머니는 의상실을 하셨다. 낮에 의상실 일을 거들어 드리긴 했지만, 기술은 배우지 않았다. 밤에는 교회에 가서 철야를 했다. 작은어머니는 "신과 너무 많은 이야기를 하면 안 된다."며 걱정을 하셨다. 하지만 작은어머니는 나로 하여금 사모의 길을 갈 수 있도록 모든 내조를 다 해 주신 제2의 어머니다.

텔렉스를 배우러 부평을 자주 내려갔다. MS 110 기계가 있는 자동차 회사였다. 텔렉스를 배운 후 미국에 가서 은행에 취직해, 집안 눈치를 피하여 신학 공부를 하고 싶었다. 대우빌딩 안에 있는 외국인 은행을 통해서 내게 길을 열어 주겠다는 분이 계셨다. 글을 쓰셨던 그분은 나에게 두 개의 얼굴을 가지고 살라고 하셨다. 지금도 그 선생님의 시가 가곡으로 흘러나오면, 내 마음은 20여 년 전으로 돌아가곤 한다. 강한 의지와 따뜻한 정서를 가진 분이셨고, 내게 글의 세계에 대한 경이로움을 조금 맛보게 해 주셨다. 많은 글을 써 주셨지만, 이해를 못하는 것도 많았다. 가끔씩 '그때 내가 미국에 가서 신학을 하였다면, 지금 나는 어떤 모습을 하고 있을까?' 하고 생각해 본다.

02

하나님이
사랑하는 사람과
결혼하게 해 주세요

그러던 어느 날 담임목사님이 나에게 결혼을 하라고 하시는 것이었다. 결혼 적령기였기에 결혼 기도를 시작했다. "하나님, 제가 좋아하는 사람이 아닌, 하나님이 사랑하는 사람과 결혼하게 해 주셔요." 내 생각보다 하나님 생각이 훨씬 옳을 것 같았기 때문이었다.

25살이었던 해, 크리스마스 이브였다. 친구가 연극표를 가지고 와서 함께 가자고 했다. 나는 거절하고 교회에 가서 기도를 시작했다. 새벽에 목사님이 종을 칠 때 깜짝 놀라서 일어났다. 강단에다 고개를 기댄 채 잠들어 있었던 것이었다. 부끄러웠다. 그런데 그때 나는 신기한 꿈을 꾸었다. 나는 객지에 있으면서 어느 누구와도 사귀지 않았다. 그런데 꿈에 외사촌 오빠하고 형부가 보였다. 두 분 다 목사님이셨다. 중학교 때 보고 본 일이 없었는데, 꿈속에서 두 분이 우리 집 대문 앞에 와 계셨다. 그리고 웬 낯선 남자를 가운데다 세워 놓고 있었다. 나는 주의 깊게 그 광경을 지켜보았다. 그런데 놀라운 것은 우리 집 대문을 여는 사람이 오빠와 형부가 아닌, 본 일도 들은 일도 없는 그 낯선 이가 목사님 심방 가방을 들고 조금도 거리낌 없이 우리 집 대문을 열고 당당하게 들어서는 것이 아닌가! 나는 놀랐고, 기분도 안 좋았다. '누구일까?' 꿈이지만, 걱정이 되었다.

그 후에 설날이 되어서 나는 시골 당진 우리 집에 갔다. 겨울 바다가 보고 싶었다. 그 당시 우리 집은 애들 학교 때문에 바닷가에서 좀 떨어진 곳에 나와 살았다. 기지시 버스정류장에서 바닷가에 갈려고 버스를 기다리는데 아무리 기다려도 버스가 오지 않았다. 그래서 막 포기하고 집으로 가려는 순간, 어떤 대머리 남자와 부딪치고 말았다. 정신을 차리고 보니, 다름 아닌 외사촌 오빠 목사님이셨다.

제일 먼저 하시는 말씀이 "너, 이젠 시집가게 되었다."며 그 사이 세월이 참 많이 흘렀다고 하셨다. 오빠는 뒤늦게 신학을 하면서 목회하는 중이었는데, 마지막 학기를 하고 있다고 했다. 그러고는 서울에 가면 전화 주겠다며 다급히 헤어졌다. 나는 겨울 바닷가에 가는 것을 포기하고 집으로 돌아왔다.

그 해 늦은 가을날, 난 요셉과 같이 꿈을 꾸었다. 꿈속에서 전화
벨이 "따르릉~." 울렸다. 수화기를 들었다. "여보세요?" 아무 소
리도 들리지 않았다. 그런데 나는 한순간에 상대편의 정신적 · 영
적인 면과 성격에 관한 모든 것을 알 수 있었다. 하나님이 좋아하
는 사람 같은데, 내게는 별로 달갑지 않은 사람이었다.

그날 오전에 구정 때 만난 오빠 목사님이 전화를 주었는데, 신
학교 졸업반에 총각 전도사가 있는데 한번 만나보라고 했다. 그
러면서 그 전도사가 눈이 너무 높아서 뒤통수에 달려 있다고 귀
띔했다. 전도사라는 말이 생소하게 들렸지만, 만나 보니 평안했
다. 섬에서 목회를 한다고 했다. 집에 와서 잠들려고 하다가 기도
를 하는데, "한 마리의 양을 엉겅퀴밭으로 인도하겠느냐? 흙탕물
로 인도하겠느냐?" 하는 음성이 들리는 듯했다. 이 사람을 하나
님이 보낸 사람으로 보라는 강한 느낌이 들었다. 시장에서 티를
하나 사도 몇 번을 고르는 법인데, 나는 갈등을 느끼면서 만나기
시작했다.

전도사님은 본래 털털한 성격인데다가 혼자서 살기 때문인지,
웃음이 나올 정도로 모든 것이 이상했다. 누가 이 광경을 볼까 싶
어 난 주위를 살펴보기까지 했다. 한번은 함께 제과점에 들어가

빵을 주문했는데, 빵이 나오자마자 종업원을 부르더니 빵을 하나하나 들면서 얼마냐고 물어보는 것이 아닌가! 나는 이 빵집에 쥐구멍이 없나 했다. 자세히 보니 바지는 달아서 반질반질하고 코트는 짧아서 무릎 위로 껑충 올라와 있었다. 목욕한 지는 한 달도 더 넘은 듯했다. 온 세상이 캄캄해지는 느낌이 들었다. "이 문으로 들어가는 자는 모든 행복을 버릴지니라."라는 말이 바로 지금 내게 하는 말 같았다. 나중에 알았지만, 그때 전도사님은 생활 대책이 전혀 세워져 있지 않은 섬에서 목회를 하고 있었다. 더구나 그 적은 사례비 중에서 하나님께 십일조, 부모님께 십일조를 드리고서 무척 곤란한 가운데 신학교를 다니고 있었다.

전도사님으로부터 목회지에 관한 자세한 이야기를 듣게 되었다. 용유도교회가 있는 섬에는 미신이 만연해, 나이 많은 구 권사님의 아들은 정신병이 들어서 잠도 안 자고 먹지도 않는데 힘은 천하장사라고 했다. 그는 꼬불꼬불 산 속 집에 살면서 부모님에게 난동을 부리고 괴롭히기 일쑤여서 온 마을의 근심거리였다. 그런데 이상하게도 전도사님이 나서기만 하면 벌벌 떨었다고 했다. 마을 사람들뿐만 아니라 교인들조차 총각인 전도사에게 반말하며 경하게 여기는데, 이 정신 없는 사람만은 전도사님이 사택 문만 나서기만 해도 어떻게 알고 "어이쿠, 무서운 사람 오고 있다. 무서운 사람이 가까이 왔네." 하고 벌벌 떨었다고 했다.

하루는 저녁에 기도하고 있는데, 그 아들이 교회에 들어와 찬송가를 다 따라 부르더니 갑자기 뒤로 벌렁 나자빠지는 것이었다. 영문 모르는 구 권사는 아들 죽었다며 기겁했는데, 잠시 뒤에 아들이 다시 일어나 앉는데 정신이 완전 멀쩡해져 있었다. 그 일이 있은 후, 그 어머니는 크게 감사해하며 전도사님에게 온전한 대접을 하였다고 한다.

보통 미신을 섬기는 바닷가에는 병자들이 많다. 교회에서 100미터 떨어진 곳에 중풍병이 든 사람이 있었는데, 병을 고치기 위해 무당굿도 하고 그러다가 결국 교회에 나오게 되었다. 그를 위해 교인들과 함께 기도를 시작했는데, 어느 날 전도사님 환상에 그가 일어나 앉는 것이 보여서 예배드리다 말고 교인들 보고 중풍병 환자를 일으켜 세우라고 했단다. 그런데 교인들 모두 벌벌 떨면서 두려워하여, 전도사님이 나사렛 예수의 이름으로 일으켜 세웠다고 했다. 그 뒤로 그 사람은 지게질도 하고 농사도 지으면서 완전히 건강을 회복했다.

용유도교회는 해변 모래사장 언덕에 해당화가 아름답게 피고, 뒤편으로는 미루나무가 시원스럽게 늘어서 있는 곳에 위치해 있다고 했다. 여름날 모래사장 속에서 애벌레가 부화되어 불쑥 불쑥

말매미가 되어 날아오르는 것을 바라보고 있노라면 더할 나위 없는 장관이 따로 없고, 꼭 성도들의 부활을 보는 것 같다고 했다. 곤충의 땅 속 생활은 인간의 지상 생활과 같고, 나비로의 재탄생은 인간의 영계 생활과 같이 값진 것인데도 얼마나 많은 사람들이 구원과 천국 생활에 대하여 무관심한가 말이다. 저절로 한탄이 나왔다고 했다.

사례비는 만이천 원이었는데, 일 년 목회하고 갑절 부흥되어서 지금은 이만오천 원 받는다고 했다. 한때 영양실조에 걸려 인우학사에서 교회에도 연락 안 하고 부모님에게도 연락을 끊고 누워 있다가, 결국 신학교 학비를 위해 나물 뜯으며 고생하는 어머니한테 발견되어서 섬 교회에 어머니랑 들어와 감사하며 울었다고 했다. 어머니는 여전히 산에서 나물을 뜯어 학비를 대고 있다고 말했다. 남에게 꾸지 않고 알뜰하게 사는 정신은 지금도 여전하다.

성령의 강한 힘에 이끌려서 드디어 1980년 1월 29일 결혼 날짜가 잡혔다. 의상실에서 드레스를 가봉하려고 거울 앞에 섰을 때, 나는 깜짝 놀랐다.

'아니다. 더욱 신중할 일이 아닌가?'

섬에도 가 보고, 그의 집에도 가 보고 싶었다. 그래서 급히 전화를 해서 다시 한 번 생각해 봐야겠다고 했다. 전도사님은 무척 난

처한 듯했으나, 내가 너무 강하게 나가니까 각자 더 기도해 보자고 그랬다. 나도 기도했다. 또 한 번 세미한 음성이 들려왔다.

"너는 주님의 종을 도우러 가는 사람이다. 물을 건너자면 건너고 산을 넘자면 넘어라."

그래서 다시 전화를 했다. 예정대로 하겠다고 그랬다. 전도사님은 결혼을 놓고 기도를 많이 했다고 말했다. 섬 교인들이 총각 전도사님 모시기가 너무 힘이 들어서 빨리 결혼하라고 재촉해 그러니 빨리 결혼을 하자고 했다.

흰 눈이 펄펄 내리는 날, 나는 결혼을 하였다. 결혼식을 마치고 신혼여행을 가는 대신 하늘산기도원으로 올라갔다. 두꺼운 화장과 옷차림이 누가 보아도 갓 결혼한 사람으로 보였기에, 기도원에 있는 사람들이 나를 보고는 수군거렸다. 얼음물을 깨고 화장을 지웠으나 지워지지가 않았다. 결혼 생활의 첫 날이 이렇게 시작되었다.

03

폭풍주의보 속에서
섬 교회로

목사님 동문인 김재찬 목사님 부부도 기도원에 와 있었다. 중매한 목사님은 화를 내었다. 평생 고생할 것인데, 신혼여행을 기도원으로 갔다며…. 기도원에서 하루 지내고 섬으로 들어가기로 했다. 그런데 설상가상으로 폭풍주의보가 내렸다. 섬 교인들은 한주 더 육지에 계시고 월요일쯤 들어오라고 했다. 그러나 전도사님은 모든 혼수는 가평 시골집에다 두고서 간단한 침구와 옷 몇 벌 가지고 보트를 타자고 했다. 많은 돈을 지불하고서 어떤 보장도 되지 않는 위험한 배를 타게 되었다. 파도가 높았다. 이불과 베개 등 몇 가지를 질질 끌고서 이 배에서 저 배로 옮겨 다니며 "신부가 이게 무슨 꼴이람!" 하고 불평했다.

드디어 비밀리에 대놓은 조그마한 배에 올라탔다. 나는 너무 피

곤했다. 얼마쯤 가다가 배가 증기 고장을 일으켰는가 보다. 시커 먼 연기가 막 올라오기 시작했다. '이건 또 무슨 일인가?' 나는 눈을 감았다. '이렇게 죽는구나!' 하는 생각이 들었다. 함께 탄 사람들이 토하고 난리가 났다. 바닷물은 막 넘쳐 들어오고 금방이라도 배가 가라앉을 것만 같았다. '저 사람 처음 만났을 때 온 세상이 어두워지는 느낌을 받았는데, 그때 아주 거절할 걸…' 하는 후회가 물밀듯이 밀려왔다. '교인들이 쉬다 오라고 했으면 그렇게 할 것이지!'

그런데 전도사님은 무엇이 즐거운지 계속 웃고 있었다. "출렁이는 바닷물은 하나님의 심장이요, 밤하늘에 빛나는 별은 주님의 눈동자고, 들에 피는 꽃은 우리를 사랑하시는 주님의 미소"라고 말했다. 그 어떤 소리도 듣기 싫었다. '체력이 영력이 아닌가?' 생각되었다. 한 여자가 결혼하기까지 얼마나 힘이 들며, 현재 내가 얼마나 지쳐 있는가를 전혀 모르고 있었다. 뭔가 통하지 않는 벽 같은 것을 느꼈다.

드디어 배가 목적지에 도착했다. 파란 천막이 둘러쳐진 트럭이 왔는데, 섬의 유일한 버스였다. 나는 교인들 생각을 해서 한복을 입고 있었다. 한복을 입고 트럭을 기어오르다가 정말 참을 수 없는 부아가 치밀어 올라, 오르다 말고 돌아서서 벌컥 화를 내고야

말았다. 바람은 무섭게 불고 춥기까지 했다. 저 배로 다시 육지로 돌아가겠다고 했다. 전도사님은 무척 낭패스러워하는 눈치였다. '저 여자하고 어떻게 목회를 할 것인가?' 하는 것이 분명했다. 나는 사명감이 모자라서가 아니라 체력이 모자라서 그런 거라고 생각해 주길 바랐다. 버티고 서 있으니까, 저 멀리서 까만 자가용이 한 대 달려 왔다. 그 마을에 있는 유일한 자가용인가보다 하고 나는 얼른 탔다. 그때부터 교인들은 나를 훈련시켜야 한다고 수군거리기 시작했다고 한다.

봄이 오자, 언덕 위의 교회는 그림처럼 아름다웠다. 사택 뒤란에는 흰 백합꽃이 가득 있어서 꽃향기에 취할 것 같았고, 바다 또한 너무 아름다웠다. 아! 하나님이 나를 신혼여행을 안 가게 하신 뜻을 알 것 같았다. 나는 에서처럼 신혼여행을 팔아먹었다. 결혼 전, 내가 다니던 교회의 담임목사님은 목사하고 결혼하는 사람은 꼭 자기가 보고서 결정권을 갖겠다고 하셨다. 전도사님한테 이야기했더니, '무슨 탈을 잡으려 하나?' 해서 무척 싫어했다. 목사님은 사명감 없는 사람하고는 절대로 안 된다고 하셨다. 나는 꾀를 내어서 우리 담임목사님을 만나면 신혼여행을 안 가도 좋다고 했고, 주머니가 빈약했던 섬 전도사님은 흔쾌히 동의를 해서 담임목사님을 뵙게 되었다. 생각지도 않게, 담임목사님은 후한 점수를 주셨다. 내면적인 멋을 가진 사람이고, 사명감도 확실하다고 하셨다. 나보고 복이 많다고 하시면서, 오히려 은근히 내가 사모 역할을 잘 할지 걱정하는 눈치였다.

섬에서 수녀들과 조개도 잡고 한동안 재미있었다. 그런데 시간이 흐를수록 답답하기 시작했다. 일부 마을 사람들은 이단 교회에 휘말린 교회라고 했다. 노처녀가 성을 모르는 아기를 키우고 있었고, 교인들은 우리를 두려워했으며, 마을에는 전도의 문이 막혀 있었다. 아름다운 경치는 나에게 더 이상 위로가 되지 않았다. 그저 공허했다. 사람과 통하지 못하는 것이 제일 견디기 어려운 일임을 절실히 경험했다.

교회에는 낡은 풍금이 하나 있었다. 나는 그 풍금을 눌렀다. 배웠을 리가 없었지만 무조건 405장 찬송가를 시작했다. 오르간이 고장 났다며 집사님이 투덜댔다. 시간이 지나면서 가까스로 '나같은 죄인' 찬양을 칠 수가 있었다. 나는 장로님이나 집사님 이름을 부르는 것도 어색했다. 결혼 전 기도는 했지만, 사람과 잘 사귀질 못했다. 때로는 교인들을 할아버지 또는 아줌마라고 불렀다. 전도사님한테 혼나고, 교인들도 수군거렸다. 성미를 떠오는 것도 싫었다. 우리 아버지가 제일 싫어하는 일이 기도였다. 아버지는 직업에 귀천은 없지만, 목사 부인은 하지 말라고 하셨다. 지금도 그렇지만, 교인들이 뭘 주는 것도 부담스러웠고, 어찌해야 할지 말을 할 수가 없었다.

전도사님이 생활비라며 사만 원을 주었다. 나는 그것을 한 주만에 다 써 버렸다. 전도사님은 무척 실망했는가 보다. 그때부터 지금까지 나는 살림을 하지 않고 있다. 사례비를 얼마나 받는지, 언제 받는지도 모른다. 그냥 반찬만 사다가 밥이나 해 먹는 정도다. 요즈음에 와서 사례비를 넘겨주겠다고 했지만 거절했다. 그렇다고 목사님이 살림을 잘 하는 것도 아니다. 사무엘 때문에 사정했다. "유사부원님들, 퇴직금은 손대지 말아 주세요." 목사님은 모든 일에 숨이 막힐 정도로 아주 검소하다. 그러나 교회 일 하는 데에는 아낌이 없다.

나는 섬에서 자꾸 떠나자고 했다. 도대체 어디서 어디까지가 진실이고 허구인지, 교회의 상처를 치료하는 일도 괴로운 일이었다. 더구나 전도사님하고 사귀는 데도 벅찼다.

우체국 부국장으로 있는 성실한 교인이 있었다. 하루는 전도사님과 상담을 하였다. 자기는 목회를 하려고 기도하고 있다고 했다. 그러자 전도사님은 "당신에게는 목회 사명이 없습니다. 우체국이 사명이에요." 하고 섭섭한 말을 하였다. 이러한 성격은 내게 고통이었다. 전도사님 별명은 직격탄이요, 불도저다. 마음속에 있는 말을 그대로 여과 없이 쏟아 놓는 것과 무슨 일이든지 결정하면 불도저 같이 밀고 나간다. 360도가 다 길이다. 마치 청개구리처럼….

어느 날은 고기잡이를 하는 백 집사님이 첫 열매라며, 금방 잡은 숭어를 장례식을 치르고 있는 장소에까지 가져왔다. 어린 신앙이 기특해서인지, 전도사님은 나와 교인들의 눈총을 받으면서도 그 바쁜 장례식을 하다 말고 참으로 길게 축복 기도를 했다. 그런데 백 집사님이 바다로 나갔다가 곧바로 헐레벌떡 지게를 지고서는 다시 뛰어들어 왔다. 그물에 고기가 너무 많이 걸려서 교인들이 도와주어야 한다며 난리였다. 더디면 썰물에 고기가 다 흩어진다며 빨리 가자고 했다. 섬 역사상 이런 일이 없었단다. 전도사님과 교인들은 장례를 치르다 말고 바다로 달려가서 고기를 건져 육지에 팔았다.

섬 사람들은 참 베드로 같았다. 울근불근하다가도 금방 순해지곤 하였다. 시골 사람들은 마을 지도자의 신앙만큼만 믿음이 자라는 것 같다. 목사는 언젠가 떠나기 때문에 자기들끼리 친밀해야 상부상조하고 산다는 공동체 의식이 있다. 성도 모르는 아이 삼식이를 미국에 입양시키고서 우리는 지쳤다. 그 엄마는 폐병으로 죽어 외로이 장사지내 주었다. 삼식이가 입양되던 날, 배 터에서 호랑나비가 삼식이 어깨 위에 잠깐 앉았다가 날아갔다. 외할머니 되는 분은 호랑나비를 보며 자기 딸이라고 했다. 나도 그랬으면 좋겠다고 생각했다. 어린 삼식이는 양부모가 선물해 준 장난감을 안고 마냥 즐거운지 갑판에서 이리저리 뛰어다녔다. 기가 막히는 슬픔이었다. "삼식아! 네 어머니는 하나님을 사랑했단다. 너도 하나님을 사랑하는 사람 되거라."고 기도했다.

하루는 새벽기도를 하고 자는데 은실이 어머니가 다급하게 찾았다. 작은아이 은영이가 갑자기 간질을 한다는 것이었다. 큰애 은실이는 이미 간질병을 앓아서 말도 못하고 몸이 뒤틀리고 불구자가 되어 있었다. 전도사님은 거품을 뒤집어쓰고 사시나무 떨듯이 숨넘어가는 어린 은영이를 붙들고 기도하기 시작했다. 아무리 기도해도 아이는 계속 고통스러워했다. 마루에 앉아 있던 은영이 아버지는 신앙이 없는 사람이다. 투덜대는 소리가 내 귀에까지 들렸다. 애를 데리고 빨리 인천으로 데려가자고 하는 것 같았다. 곧 인천으로 가는 배가 있는 모양이었다. 나는 전도사님을 꼬집었다. '당신이 데리고 있다가 애가 불구가 되면 어떡해요?' 하고 마음속으로 외쳤다.

그런데 전도사님이 잠깐 눈을 떠서 아이를 보더니, 한술 더 떠서 "이 아이를 고쳐 주신 것을 감사합니다. 하나님, 영광 받아주시기를 바랍니다." 하는 것이 아닌가! 나는 눈앞이 캄캄했다. 그러나 걱정도 잠시, 기도가 끝나는 "아멘!" 소리와 함께 무섭게 거품을 흘리며 경련을 일으키던 은영이의 몸이 풀어지면서 눈동자가 정상으로 돌아오는 것이 아닌가! 나는 물을 먹여 주었다. 그 후로는 다시 그런 경련이 일어나지 않았다.

그 후 은영이네 집으로 물을 길러 가면 예쁘게도 펌프질을 해주었다. 전도사님은 병마와 싸우면서 영계를 체험한 사람이기 때문에, 극한 상황에서 굉장한 힘을 발휘한다. 어느 정도 교회도 치유되었다. 추수 감사절에는 쌀가마니가 수북이 쌓였고, 집사님들은 교회 마룻바닥에 얼굴이 비칠 정도로 청소했다. 바지락 캐는 철에는 전쟁 나가는 군인들처럼 무장을 하고 와서 예배가 끝나기 무섭게 바다로 달려 나갔다.

04

가평 시댁에서
시부모님과 함께

　인애 엄마와 은영이 엄마의 아픈 눈물을 뒤로 하고, 우리는 육지 목회를 준비하기 위해 섬에서 나왔다. 그리고 가평 시댁에서 시부모님을 모시고 6개월 동안 살았다. 며느리로서 마지막 효도를 한 셈이다. 그때 나는 시어머님을 통해서 전도사님을 많이 이해하게 되었다.

　전도사님은 입이 둔하다. 그래서 이야기를 하면 이해가 잘 안된다. 그런데 그 어머니는 조리가 분명하고 달변이시다.

　어느 날 전도사님으로부터 "예전에 기도했더니 꿩이 하늘에서부터 떨어져 우리 교회 전도사님을 대접한 적이 있었다."는 이야기를 듣고, 나는 가슴을 쓸어내렸다. '내가 좀 더 알아보고 결혼할 걸, 정말 이 사람을 잘 선택한 것일까?' 그런데 하루는 쇠죽을 끓

이는 아궁이 앞에서 시어머니가 이런 이야기를 해 주셨다.

"우리 이규가 얼마나 기도를 많이 했는지 아니? 새벽기도 하러 가면 해가 중천에 뜰 때까지도 오지 않아서 내가 데리러 가야 했어. 너의 아배는 성격이 급한 양반이라 아들한테 돌을 들기도 하며 핍박이 심했지. 글쎄 하루는 아궁이 앞에서 군불을 때다가, 내가 예수님을 모를 때라 너무 화가 치밀어서 아들한테 '기도도 정도껏 해라. 너처럼 매일 기도만 하던 산유리 처녀 하나가 미쳤다더라. 하나님이 계시면 너희 교회 전도사가 왜 밥을 굶겠니? 그리고 하나님이 진짜 계시다면 병들어서 일 년이 넘도록 죽지도 살지도 못하고 뼈만 남은 우리 집 개, 저 귀신같은 개를 기도해서 죽이든지 살리든지 해 봐라' 하고 구박했지. 그러니까 마침 이화리교회 전도사님의 양식을 위해 금식하던 우리 애가 '하나님은 전능하시기가 한이 없어서 이스라엘 민족을 만나와 메추라기로 먹여 살린 것처럼, 교인들이 돌보지 못해 굶는 교회 전도사님을 위해 하늘에서 꿩을 몰아주실 것입니다. 그리고 일 년이 넘도록 병에 시달려 죽지도 살지도 못하고 개 귀신처럼 된 불쌍한 저 개도 책임을 지실 것입니다.' 하며 아궁이 앞에서 기도를 하는 거야."

그때 어머니는 허구한 날 미친 소리만 한다고 아들을 향해 혀를 차며 아궁이의 군불을 계속 지피셨단다. 그런데 갑자기 꿩 한 마리가 벼락 치듯이 어머니의 치마폭으로 달려들어 "꿩!꿩!" 하는 바람에 "아이쿠 이게 무슨 일이야!" 하며 부지깽이를 든 채 뒤로 벌렁 나자빠지셨다고 했다.

그날이 마침 수요일이었는데 남편은 여느 때 같으면 신학교에서 오시는 전도사님을 15리 길을 마중 나갔지만, 꿩을 잡은 그날은 일찍이 교회에 가서 호롱불을 켜놓고 예배를 드릴 준비를 했다. 신학교에서 막 돌아온 전도사님이 설교를 하는데 철없는 교인들은 하나 같이 꾸벅꾸벅 졸기 시작했다. 그러자 전도사님이 졸음을 깨운다고 강대상을 탁 쳤는데, 그만 강대상 속에 묶어 두었던 꿩이 놀라서 "꿩! 꿩! 꿩!" 하는 바람에 전도사님은 황급히 예배를 마무리했다. 대신 청년 교인이었던 남편이 광고 시간에 꿩을 들고서 "여러분이 돌보지 않아서 영양 실조되어 얼굴이 누렇게 뜬 전도사님에게, 하나님이 이스라엘 백성에게 메추라기를 주신 것처럼 이렇게 암꿩을 보내 주셨다."고 간증했다고 한다. 금요일 날 여선교회에서 꿩국을 끓여 함께 나눠 먹었고, 그 후로는 교인들의 첫 열매와 십일조로 전도사님이 더 이상 양식 걱정을 하지 않게 되었다고 했다. 이는 벌써 35년 전의 이야기다.

애물단지였던 개도 그날 바로 죽었는데, 어머니는 이 사건을 통해 하나님께서 인간의 생명뿐만 아니라 새와 짐승들까지 거느리시는 걸 깨달았다고 하셨다.

그 후로도 아들이 너무 교회에 미치는 것 같아서 "저 양반이 어떤 때는 돌을 들기도 했단다. 어느 날 저녁에는, 막내딸 찬희가 한밤중에 막 숨이 넘어가서 나도 모르게 너무 급해서 '이규야, 기도 좀 해라.' 고 하니까, '어머니가 나를 핍박한 것 회개하시고, 회개 헌금을 내면 기도해 드릴게요.' 하는 거 아니겠니. 분한 마음을 참고 회개 헌금을 내놓았는데…. 이규가 찬희를 안고 기도하자마자 정말 거짓말같이 찬희가 일어나 앉았단다. 결국 그 일로 우리 내외는 우상을 버리고 예수님을 믿게 되었단다."라고 이야기를 해 주셨다. 어머니는 함께 사는 동안 온돌에 불을 때며, 때로는 화롯가에서 많은 이야기를 해 주셨다.

사실 전도사님이 가지고 있는 어떤 특별한 영성은 부담이 될 때가 많았다. 하지만 한편으로는 자연과학의 발달로 영성이 결여되어 가는 이 시대에 이러한 면이 사람들에게 잘 이해될 수 있도록 도와주어야겠다고도 생각했다.

후에 남편이 군산 목회할 때 교회 건축하다가 높은 데서 떨어져서 삼성 의료팀이 무려 다섯 군데를 수술하라고 권면할 때도 시어머니는 "성전 짓다가 떨어졌는데 무슨 수술을 하느냐?"며 의사들을 모두 조용히 내보내셨다. 나와 주위 분들은 '이게 무슨 일인가?' 싶었다. 한사랑교회 임영훈 목사님이 수술비를 책임지시겠다고 했다. 그러나 하나님은 어머니의 믿음대로 수술을 안 하고도 온전하게 해 주셨다. 그 부분은 내가 따를 수 없는 부분이다. 만약 내가 그 자리에 있었다면 수술을 몽땅 하였을 것이다.

남편은 초등 시절, 처음 은혜를 받았을 때 배꽃이 만발한 아름다운 산 속에서 수풀 속의 사과나무와 같이 하나님의 주목을 받고 말할 수 없는 세계를 보았다고 했다. 전도사님은 본래 욕심이 많은 사람이다. 초등학교 때, 학교 오가는 길에 잘 지은 집을 보게 되면 30분씩 서서 쳐다보며 '나도 꼭 저런 집에서 살겠다!'고 다짐했단다. 그런데 그 후로 세상에 대한 미련이 없어졌다고 했다. "말로 표현할 수 없는 은혜가 무엇이냐?"고 들릴라같이 자꾸 물어보았다. 처음에 하늘의 찬송이 열렸다고 했다. 그것은 온몸이 녹을 만큼 황홀한 것이었는데, 탕자가 돌아올 때 들리는 찬양의 의미로 해석한다고 했다. 그 영향으로 나는 목회 중에 음악을 공부하게 되었다.

그 외에도 많다. 오늘날 자연과학의 틀에서 사는 이들은 도무지 이해할 수 없는 일들이. 범인들이 일상적인 꿈을 꿀 때 육체 활동이 전혀 없는 조용한 밤중에 꾸듯이, 우리 신앙인들도 금식하거나 경건함을 가질 때 전문적인 일과 세속에 매이지 않을수록 영은 자유롭게 활동한다.

마음이 조용해져서 깊이 기도하면, 다니엘이나 요셉처럼 꿈을
꾼다. 영이 맑으면 마치 맑은 물에 하늘의 구름이 흘러가는 것을
비추는 것처럼 영의 활동을 갖게 된다고 생각한다(요엘서 2장 28
절). 아름다운 자연은 인간의 심성을 맑게 하고, 하나님은 그 대자
연 속에서 강하게 그리고 또렷하게 자신을 드러내신다고 느꼈다.

35년 전, 전도사님이 섬기던 이화리교회는 성전이 너무 초라하
여 다시 건축을 해야만 했다. 교회 건축에 쓰려고 시멘트 블록을
15리나 되는 읍에서부터 리어카로 실어다 놓았는데, 동네 이장이
아들을 시켜서 교회 벽돌을 실어다가 양계장을 짓겠다고 했다. 그
는 당시 부를 누리면서 우상 숭배와 타락한 생활을 하고 있었다.
벽돌을 도로 가져오라고 해도 강퍅하게 외면했다. 그 뒤 이장은
원인모를 병에 걸려 병명도 모른 채 죽어 갔다. 춘천에서 작두 타
는 무당을 데려다가 한 달 간 굿을 해도 차도가 전혀 없자, 기도
많이 하는 총각 이규를 찾았단다. 바로 달려가서, "벽돌을 돌려주
고 동네 잣나무를 교회 건축에 쓰게 허락하면 기도해 주겠다."고
했더니, 이장이 그렇게 하겠다고 약속하여 회개 기도를 하기 시작
했다. 하나님의 성령이 강하게 역사하시는 것을 느끼는데, 갑자기
윗방에서 "꽝!" 하는 소리와 함께 사람 죽는 소리가 나서 문을 열

어 보니, 작두 타던 무당이 숨어서 대적 기도하다가 까무러쳐 있었다. 불쌍히 여겨져 기도했더니 깨어나서 말하기를, "당신이 기도할 때 나도 귀신에게 기도했다. 처음에는 싸워볼 만 했는데 얼마 지나니 집채만한 불덩어리가 내 주위를 빙빙 돌더니 머리통을 내리쳐서 까무러쳤다."고 했다. 그러고는 전도사님에게 "당신은 목사가 되어 나와는 원수가 될 것이며, 이 집안은 당신 때문에 복을 받을 것이다."라고 했다고 한다.

수많은 배꽃이 병풍처럼 둘러쳐져 있어서 '이화리'라고 한다고 했다. 그런 아름다운 동네에 교회가 조그맣게 세워졌다. 온 교인이 처음에는 뜻을 같이 하다가 하나둘씩 들로 논으로 나가고 현규라는 청년만 남았는데, 그마저도 개구리 잡아 돈 번다고 가 버리고 전도사님 혼자 남게 되었다. 그래서 홀로 시멘트를 만지며 일했는데, 밤에 손바닥이 갈라져 그 고통 때문에 도통 잠을 이루지 못하였단다. 서러운 마음에 눈물로 탄식하며 멍석 바닥에 엎드려 기도하니, 순간 방언이 터지면서 위로를 받았다고 했다.

잣나무를 잘라다 아담한 교회를 건축하였는데, 건축이 끝나자마자 온 몸의 마디마디가 쑤시며 깊은 병에 들게 되었다. 교인들은 잘못 믿어서 그렇다고 하며 부모님께도 덩달아 핍박이 왔다. 성경책이 찢어질 만큼 눈물로 기도하던 중, 하루는 깊은 세계로 인도함을 받게 되었다. 구약 성경에 나오는 요시아 왕 같은 위엄을 가진 분이 "앞으로 네가 하나님 일을 하고 오면 받을 상급을 보여 주겠다."며 아름답고 거룩한 안내자를 통해서 12가지 보물 창고로 안내되어 말할 수 없는 것을 보았단다(막 10:29~30). 그 후로부터 세상 욕심이 모두 사라졌다고 한다.

05

천국과 지옥에 관한

체험

　전도사님은 천국과 지옥에 대해 영적으로 체험하고 싶어서, 일 년을 새벽마다 기도했다고 한다. "하나님은 전능하시니"(눅 16:19~31) 부자와 나사로 말씀처럼, 이화리 동네에서 믿음이 있는 사람이 일생을 어떻게 살다가 어떤 모습으로 어떻게 천국 갈 것인지를 꿈을 통해 알고 깨닫기를 원했다.

　어느 날 새벽기도 때, 이 기도가 응답되었다. 눈 오는 새벽 5시, 다른 날 같으면 교회에서 새벽기도 할 시간인데 전용기 담임전도사님은 교회에서 새벽 설교로 부자와 나사로(눅 16:19)를 설교하셨고, 집 기도실에서 기도하다 잠든 전도사님에게는 가브리엘 천사를 보내어 깊은 꿈을 꾸게 하셨다. 그때 바로 옆집에 친척인 이승덕 집사님이 사셨는데, 신앙심이 깊고 사랑이 많으며 겸손한 분이셨다. 자녀는 모두 7남매였고, 큰아들 현직은 가평 군수로 십 년을 재직했다. 동네에서 유복한 집으로 알려졌으나, 부인이 성질이 난폭하고 급한 성격의 소유자인데다가 불신앙자여서 이 집사님을 몹시 핍박하였다.

꿈에서 해가 뉘엿뉘엿 저가는 광야에 갈대밭이 끝이 안 보이게 펼쳐졌는데, 좁은 길로 이승덕 집사님이 매우 외롭게 묵묵히 걸어가고 있었다. 더 이상 갈 수 없을 때까지 힘을 다해 가다가 지쳐서 막다른 자리에 무릎 꿇고 앉아서, "내 영혼을 아버지 손에 부탁합니다." 기도하고 옆으로 쓰러져 숨을 거두었다. 그러자 하나의 영이 사람의 육체에서 벗어나 무릎 꿇고 기도하는 것이 보이더니, 하늘 문이 열리고 천사의 찬양 소리가 울려 퍼지면서 거룩하고 황홀하게 아름다운 천사가 내려와 이승덕 집사님의 영혼을 감싸 안고 천국으로 매우 빠른 속도로 데려갔다. 정말 그 뒤에 이승덕 집사님은 자녀들을 7남매나 두고 집안도 풍족했음에도 부인의 핍박과 냉대 속에서 병이 들어 매우 고독한 가운데 천국으로 가게 되었다.

그리고 가브리엘 천사는 이화리 동네의 이산월이란 사람에 대해서도 영화처럼 보여 주었다. 그 당시 이장이던 이생규는 동네에서 제일 부자이면서 10년 동안 계속 이장직을 맡고 있었다. 우상 숭배를 많이 했고, 타락한 삶을 살면서 본부인이 있음에도 서울에서 술집여자 이산월을 첩으로 데려와 동네 한가운데 이화리초등학교 옆에 집을 크게 짓고서 술집을 운영하며 살게 했다.

가브리엘 천사가 이산월이 걸어온 일생의 길을 보여 주는데 우상 숭배하는 모습, 술집에서 음란죄를 짓는 모습을 보여 주었다. 그리고 이장의 본부인은 매우 착하고 도통 말이 없는 사람이었는데, 이산월이 그를 구박하고 괴롭히고 시기하고 못 견디게 해서 그 고통을 감당 못한 본부인이 농약을 먹고 자살하는 것이 꿈에 보였다. 장면이 이어져 세월이 흘러 흘러 이산월이 어느새 회갑이 되었는데, 이산월이 집 옆 이화리초등학교 운동장에 멍석자리를 전체에 깔아 놓고 회갑 잔치를 열고 있었다. 온 동네 사람이 다 모여 구경하는데, 조금 있으니 관광버스가 줄지어 수없이 오더니 문이 열리면서 한복 입은 기생 수백이 쏟아져 나왔다. 그러고는 이산월의 회갑상을 둘러싸고 춤추고 노래하는데, 그 노래 소리가 어찌나 큰지 온 동네가 진동하게 울려 퍼졌다. 이화리 동네의 전무후무한 회갑 잔치가 끝나고, 장면이 바뀌어 이산월이 죽을병에 들 메 자벌레 뛰듯이 뛰다가 죽었다. 이산월의 영혼이 육체에서 벗어나 살던 집에 머물러 있는데, 공중 저편에서 큰 집채만 한 불덩이가 큰 소리로 내면서 오더니 집 주위를 떠돌다가 이산월을 감싸더니 공중을 돌아 거꾸로 밑으로 끌고 떨어졌다.

꿈에서 가브리엘 천사가 보여 준 것처럼, 실제로 이산월의 삶은 타락한 삶이었다. 청년 때 온 동네 집집마다 방문 전도할 때 이산월도 전도했으나 회개치 않고 예배 한 번 안 드리고 살았다. 신기한 것은 이산월이 회갑 잔치 때 천사가 보여 준 그대로, 이화리초등학교에서 온 동네 사람을 초청하여 회갑 잔치를 열었다. 기생들을 태운 관광버스가 12대나 와서 서울 기생 수백 명이 동네 진동하게 노래하고 춤추었다.

나중에 알고 보니 이산월에게 사생아 아들이 하나 있었는데 서울서 기생 관리하는 건달 깡패라 하나밖에 없는 어머니 회갑 잔치에 그렇게 많은 기생을 데려왔던 것이었다. 그 뒤 이산월은 부자(눅 19:16~19)처럼 살다가 갔다.

아무튼 시댁에서 보낸 시간은 함께 동역할 전도사님에 대해서, 그리고 생소하기만 그 가족에 대해서 많은 이해를 갖게 된 유익한 시간이었다.

06

흰 메밀꽃이 아름다운
강원도로

　강원도 산골 이효석 씨가 살던 봉평 가까운 곳에 임지를 정하고 이사를 가게 됐다. 비어 있던 사택에는 잡초가 우거져서 제초제를 뿌리고 짐을 풀어야 했다. 이곳 교회는 교단도 소속도 분명치 않은 기도원 원장이 짓밟은 교회로, 상처를 입은 성도들이 일 년 동안 목회자를 받지 않고 대신 고상경 권사님이 예배를 인도하고 있었다. 사명이 확실치 않은 성직자들도 문제다. 이런 교회는 굉장한 영력과 정신이 소모되었다.

　전도사님의 목회는 교회의 상처를 치료하는 목회다. 친인척과 사람들은 우리를 무능하다고 할 수도 있지만, 나는 '어쩌면 우리는 목회에 있어서 특수 의사가 아닐까?' 하고 긍지도 가진다. 이 목회지로 오기 전, 남편이 교회 임지를 놓고 금식할 때, 이흥균 목사님이 아름다운 화분을 주는 환상을 보았다고 했다. 사실은 홍성 쪽에 목회하기 편한 곳이 나와서 기도 중이었는데, 그 와중에 그런 환상을 보게 되어 남편과 나는 '이게 무엇일까?' 했다. 그런데 기도 후에 정말로 이흥균 목사님이 강원도 신리교회를 소개해 주셔서, 기도하고 있던 홍성의 목회지는 접었다. 홍성을 소개한 목사님께는 미안한 노릇이었지만, '그래도 우리는 하나님의 종이니까 시키시는 대로 해야지.' 하는 마음이었다.

산 사람들은 섬 성도들 같지 않았다. 산 사람들은 사랑이 많았고, 급속히 치료되었다. 하지만 생활은 섬보다 더 어려워, 옥수수밥을 해 먹고 감자가 주식이 되었다. 전도사님은 이윤제가 총재로 있는 기독교선명회를 통해 농촌 선교를 하였다. 어려운 농촌에 여러 가지 활력을 불어넣어 주었다. 나는 가난하지만 순수하고 맑은 산 속 아이들을 모아놓고 합창단을 만들었다. 이 모임을 후에 '눈먼 음악'이라고 이름 붙였다.

풍금을 시작한 지가 불과 세 달밖에 안 되었다. 관객은 바람과 나무들과 새들, 그리고 흘러가는 시냇물이었다. 전도사님이 연습한 찬양들을 테이프에 녹음해서 보관하자고 했다. 언젠가 풍금이 사라져서 그 소리를 듣지 못할 때가 온다고 했다.

사택 앞에는 항상 맑은 시냇물이 졸졸 흘렀고, 코스모스가 만발한 가을이면 꽃잎을 문풍지에 발라 방을 꾸미기도 했다. 특히 달빛을 받은 메밀꽃은 이효석 씨의 글에 나오는 표현 그대로였다. 나는 어렸을 때 흰 꽃을 많이 보고 자라 그 아름다움에 대해 누구보다 잘 느낀다. 우리 어머니도 흰 매화꽃을 참 좋아하셨다. 아침과 저녁에 보는 눈부신 흰 꽃과 그 향기는 볼 때마다 아름답고 감동적이었다. 깊은 산골에 피는 꽃을 보지 못한 사람은 이해하기 어려운 장관이다. 이슬 먹은 백장미와 흰 매화꽃을 눈으로 직접 본 사람이라면 누구나 그 흰 아름다움에 도취될 것이다.

나는 꽃을 좋아하는 집사님 댁 달력에 있는, 안개에 쌓여 있는 수선화 사진을 보면서도 행복해했다. 하지만 전도사님은 흰 꽃을 심으면 보기 싫다며 뽑아 버렸고, 시들은 꽃조차 버리기 싫어하는 나와 늘 부딪치기 일쑤였다.

07

눈먼 음악이
시작되다

강원도 신리교회에서(1984. 6)

눈먼 음악

물 맑고 산 높은 곳에 사는

푸르고 맑은 아이들

지금도 마음 속 깊이 끌어안고

꿈속에 산다

성전 마당가엔 졸졸 시냇물 흐르고

난 아예 풍금을 마당에 내놓고

2박자는 3박자로

4박자는 너무 길다싶어

3박자로 부끄럼 없이

하나님이 지으신 산과 들과 꽃을 노래했지

우리 모두 마음 아픈 일 있었지만

푸른 숲 사이로 퍼져 나가던 노래는

너무 신이 났었지

경분이는 아빠를 일찍 잃어버리고 나물을 채취하는 엄마랑 살았다. 그 남동생은 너무 어려서, 엄마가 나물 캐러 가면서 가마솥에다 따뜻한 숭늉과 함께 식지 말라고 밥을 넣어 놓고 가면 힘이 모자라 꺼내 먹지 못한 채 흙 부뚜막에서 잠들어 있을 때가 많다고, 경분이 어머니가 내 손을 붙잡고 울면서 이야기한 적이 있다. 나는 어질고 순박한 이런 산 사람들이 좋았다.

산골짝에서 제일 먼저 새벽기도 나오시는 유순옥 집사님은, 전도사님이 "남편이 교회에 안 나오면 남편 신발이라도 신고 와서 남편 교회에 나오게 해 달라고 기도하라."는 소리에 정말 새벽기도 시간마다 남편의 까만 고무신을 신고 나와서 기도했다. 기도 덕에 지금 남편은 신리교회의 권사님이 되어 직분을 잘 감당하고 있다. 또한 그의 자녀들 가운데 감리교회 목회자가 두 사람이나 나왔다.

그 집 시어머니는 나중에 구원받으셨는데, 우리가 목회할 당시에는 며느리에 대한 핍박이 매우 심했다. 주일날 성미 떠가지고 오다 들키면 뺏어서 마당에 뿌려 닭 모이로 주고, 교회에다 헌금을 내니 밥 먹지 말라고 해서 부엌에서 찬물에 밥 말아 눈물과 함께 먹었던 착한 며느리다. 그 할머니는, 전도사님 안 계실 때에 내가 추도 예배를 인도한 적이 있었는데 "교회 여편네가 말도 곧 잘 하데." 하고 후한 점수를 주기도 하셨다. 그 당시 스물일곱이었던 나는 핍박하는 할머니와 나이 지긋한 그 집 문중들이 모인 앞에서 덜덜 떨면서 설교를 했다.

우리 교회 옆에 심옥란 집사님이 사셨는데, 이분은 새벽기도를 가면서 사택 뜰을 지날 때마다 전도사님께 금방 나온 따뜻한 계란을 품에서 꺼내 건네며, "따뜻할 때 드세요." 하였다. 전도사님이 겨울에 산 속으로 어디로 오토바이를 타고 다니면서 몸 관리를 못해 기관지가 나빠진 것을 알고 계셨던 것이다. 산 사람들은 이처럼 어질고 심성이 곱다. 또 심 집사님은 새벽에 아무도 모르게 교회 뒤란 장독대에다 쌀이나 곡식 그리고 채소를 갖다 놓았다. 남편이 술주정뱅이였는데, 자주 술 먹고 길에서 오줌 싸고 누워 있으면 가서 리어카로 실어 오는 착한 사람이었다. 아이들은 엄청 많이도 낳았다. "왜 그런 결혼을 했는가?" 물어보니, 전쟁 통에 남자가 부족해서 그럴 수밖에 없었다고 했다.

어느 수요일이었다. 예배를 드리고 있는데 누가 교회 문을 발로 차면서 들어오더니 "심옥란이 나와!" 하는 것이 아닌가. 우리는 모두 숨죽이고 있었다. 심 집사님의 남편이 오랜만에 멀쩡한 정신으로 집에 들어왔는데 부인이 교회 가고 없어서 부아가 치밀었던 것이다. 심 집사는 꿀 먹은 벙어리처럼 엎드려 있었다. 순간 심 집사

남편은 뒤에 앉아 있던 당시 여선교회 회장 정금옥 집사님의 머리채를 잡아끌고 정문 옆에 있는 콩밭으로 갔다. 대장부 같은 정금옥 집사님은 눈을 꼭 감고서, 불쌍한 심옥란 집사 대신 맞아줄 결심을 하고 끌려 나갔다. 몇 대 맞다가 "나 신2리에 사는 정금옥이요!" 하니, 남편은 무안해서 도망갔고 그 후로 다시는 예배를 방해하지 않았다.

그 뒤로 강원도를 떠나 울진에서 목회할 때, 하루는 심옥란 집사님이 찾아와서 "우리 집 주인양반 하늘나라로 갔어요." 해서, 나는 대뜸 "아이고, 잘 되었네요." 하고 말했다. 그랬더니 뜻밖에 눈물을 흘리며 "그래도 남편은 말뚝과 같은 존재였다."고 말하는 것이었다. 아이들 공부는 하나도 못 시켰지만 그래도 건축 일도 하고 기술도 배워서 이젠 집도 잘 짓고 또 예전보다 잘 살게 되었다고 했다. 그러다 보니 미워만 하고 잘해 주지 못했던 남편이 오히려 많이 생각난다고 하였다. 자녀들과 함께 추도 예배를 드릴 때, 어려움을 참고 살았기 때문에 자녀들이 어머니를 귀하게 여기고 자신도 아이들 앞에서 잘했던 것 같다고 했다.

나는 이러한 교인들한테 늘 배워야 한다고 생각한다. 알량한 지식과 사모라는 이름으로, 몸으로 인내하며 살아온 그들을 대할 때마다 나는 한 치나 모자라는 내 자신을 보곤 한다.

내가 있던 곳에서는 감자와 감람이라는 양배추를 많이 생산하였고, 맥주의 원료인 호프 농장이 많았다. 가을이면 옥수수 키가 우리 키보다 훨씬 크게 자랐다. 이 옥수수로 맛있는 노란 올챙이 국수를 만들어 먹었다.

우리 교인들의 집은 산골짜기마다 있었다. 물론 버스가 못 들어가기에, 나와 전도사님은 오토바이를 타고 심방을 다녔다. 겨울이면 너무 추웠다. 5월까지도 산꼭대기의 눈이 녹지 않았다. 현치림이라는 아이의 실향민 가족도 깊은 산 속에서 살고 있었다. 치림이는 관절염이 심해서 뼈만 앙상히 남아 있었는데, 이미 치료비로 가산을 모두 탕진해서 마지막으로 흙벽 집으로 이사 올 만큼 생활이 어려웠다. 그 당시 치림이는 초등학교를 중퇴하고 누워 지내고 있었다. 아버지는 술로 살다시피 했고, 산에 화전을 일궈서 간신히 입에 풀칠만 하고 있었다.

어느 날, 그 부모는 치림이를 교회에다 데려다 놓곤, 하나님께 부탁해서 좀 고쳐 달라고 요구했다. 뼈와 가죽만 남은 치림이는 너무 아파서 비명을 질러 댔고, 전도사님이 안 계실 때도 새벽 2시건, 3시건 나를 깨워 고통을 호소했다. 깊은 밤에 일어나 신발을 신고 마루에 앉아 하늘을 쳐다보니, 초롱초롱 빛나는 별 때문에 더욱 현기증이 났다. 고개를 숙이고 사택 뜰을 지나 교회로 들어가며 나는 투덜거렸다. "내가 차라리 간호원이라면 얼마나 좋을까?" 그런데 치림이의 손을 붙잡고 주님의 이름으로 기도하면, 언제 그랬냐는 듯이 금방 잠이 들었다. 전도사님은 그 아이를 극진히 사랑했다. 아팠던 옛날의 자신을 보는 것 같다고 했다.

어느 주일날, 병이 빨리 안 낫는다고 화가 난 치림이 아버지가 강대상 위에다 막걸리를 따라 놓으며 "전도사님, 한 잔 들고 하세요." 하고, 풍금을 치는 나에게도 와서 한 잔 주고 갔다. 그러나 어느 누구도 나무라지 못하였다. 이북에 두고 온 아내와 자녀들, 그리고 치림이로 인해 그가 받고 있는 고통이 너무 크다는 사실을 잘 알고 있었기 때문이다.

전도사님이 안 계신 날, 나는 치림이를 보고 이렇게 말했다. "치림아, 아프거든 울지 말고 '하나님 날 데리고 천국으로 가시든지 아니면 고쳐 주세요' 하고 기도해라." 그렇게 기도하는 방법을 가르쳐 주고서 나도 그렇게 기도하던 중, 어느 날 갑자기 교회에서 죽여 살려 하는 것 같아서 달려가 보니, 어린것이 통증이 심하게 오니까 내가 가르쳐 준 기도를 요약해서 "죽여! 살려!" 하고 부르짖고 있었던 것이었다. 나는 확신했다. '하나님이 응답을 안 하실 수가 없겠구나!' 치림이는 그때 방언이 터져 나왔고, 그 후로 기도가 유창해졌다.

2년의 세월이 흘러, 치림이가 그 사이 병이 나아 다람쥐같이 뛰어다녔다. 오직 믿음으로 고침받은 그 아이가 기특해서, 초등학교에 사정해서 졸업장을 얻게 해 주었다. 후에 군산 목회할 때 데려다가 검정고시를 보게 해서 공부를 하게 하였고, 그 결과 현재 서산지방 고파도라는 섬에서 목회하는 감리교회 목사이자 세 공주님의 아빠가 되었다. 그가 목사 안수를 받을 때 남편이 가서 안수했다.

  강원도 교회에 있을 때 내게도 치림이 못지않은 시련이 닥쳐왔다. 사도 바울에게 주셨던 사단의 가시가 깊숙이 파고들기 시작했다. 어느 날 전도사님이 서울 하모니음악사에서 보기만 해도 예쁜 바이올린을 사 왔다. 나는 바이올린을 서재 잘 보이는 곳에다 걸어 놓았다. 그리고 어느 날 조심히 꺼내서 선을 그어 보았다. 생긴 것에 비해서 너무 지독한 소리가 났다. 걸어 놓고 감상하는 게 훨씬 좋겠다 싶어, 얼른 제자리에 걸어 놓았다.

  전두환 대통령 때, 동생 상돈이는 고려대학교에서 학생 운동을 하다가 5년 언도를 받고 갇혀 있었다. 그때는 매일 같이 학생들이 감옥으로 끌려들어가는 어두운 시대였다. 상돈이 후배들이 농촌 봉사를 하러 우리 교회로 왔다. 그 가운데 한 학생이 서재에 걸어 놓은 바이올린을 보고 웃음을 짓더니, 꺼내서 튜닝을 하고 찬송가를 연주해 주었다. 그 학생도 아주 오랫만에 해 보는 것이라고 했다. 예전의 그 지독한 소리가 아닌 들을 만한 소리였다. 그 학생이 4일 동안 연주 방법을 가르쳐 주고 갔다. 그 뒤로 가끔씩 해 보았는데 여전히 신통치가 않았다.

주일 저녁 예배가 끝났다. 바쁜 성도들은 앵두를 나눠 먹고, 다 집으로 돌아갔다. 나는 혼자 교회에 남아 기도를 했다. 강단에 기대어 엎드리면 참 평안했다. 나는 울고 있었다. 하나님께 섭섭해서 울었다. 자정이 넘었을 것 같다. 거룩한 기운이 내 영혼을 감싸고 있음을 느꼈다. 천사인 것 같았다. 깨끗하고 흠이 없었다. 순간 눈물이 멎었다. 그 다음에는 내노라 말하시진 않았지만, 말할 수 없는 사랑으로 사납게 일그러진 내 영혼을 부드럽게 감싸시는 주님이 다가오셨다. 나에게 "무엇을 주기를 원하느냐?"고 물으셨다.

"한나가 원했던 것처럼 아기입니다."

순간 응답을 기다렸고, 또 순간 절망했다.

"10년이나 넘게 기도했는데요."

나는 서슴없이 이야기를 했고, 그런 나를 보면서 스스로도 놀랐다. 또 물음이 시작되었다.

"아담을 누가 지었느냐?" 아주 조그맣게 "그건 하나님이 만드셨어요." 하고 대답하는 순간, 한 꼬마가 앞치마에 큰 호주머니를 달고 몸부림치며 우는 모습이 보였다. 가만히 보니 웃음이 나왔다. 사탕 하나만 달라고 우는 것이 아닌가? 또 물음이 왔다.

"너에게 아기를 누가 주니?"

"하나님이 주시겠네요. 들에 풀도 다 씨가 있고, 동물들도 다 새끼를 주시면서 왜 우리는 섭섭하게 하세요. 교인들이 호박을 달여 주고, 할머니 성도는 신 것을 먹어야 한다고 교회 올 때마다 살구나 딸기를 가져다주시고요. 시냇가에서 빨래하고 돌아서면 나를 보고 동네 여자들이 수군거리잖아요. 사탕 넣어주는 것같이 하나님은 쉽게 할 수 있다고 제가 믿으니 속히 주세요." 하고 말했다. 그러자 나에게 찬송을 부르게 하셨다. "공중에 나는 새를 보라 농사하지 않으며…" 마태복음 6장 26절 말씀이 주어졌다. "내가 너희 부부를 사랑한다. 비록 흙이 묻어 있지만, 진주와 같이 귀히 여긴다. 아기를 데려 오지 말고 기다려라. 입양을 하는 것은 바위에 계란을 던지는 것처럼 하나님의 너희 부부를 향한 뜻을 거스르게 된다. 지금은 안 된다." 단호한 뜻이 전해졌다.

"그럼 어떻게 하지요?"

"바이올린을 전공하라. 그 후에 아기를 주겠고, 그러면 금상첨화(錦上添花)가 아니겠느냐?"

"돈이 없어서 못합니다."

"금도 은도 다 내 것이다."는 뜻이 마음에 전해져 왔다. 나는 사택에 들어와 곧바로 전도사님한테 달려갔다. 전도사님은 주말 영화를 보고 있었는데, 나는 물어보지도 않고 볼륨을 확 줄였다. 그리고 이야기를 했더니 텔레비전 볼륨을 확 올리면서 다시는 혼자서 기도하지 말라고 당부하였다.

나는 중고등학교 음악 선생님에게 전화를 걸었다. 그러나 바이올린 전공자가 없었다. 대신 플루트나 첼로를 가르쳐 줄 수 있다고 했다. 나는 할 수 없이 혼자 해 보기로 했다. 그 학생이 가르쳐 준 것이 그래도 힘이 되었다. 그런데 어느 날 줄이 팍 끊어져, 동생 면회 가는 길에 서울에 가서 하모니음악사에 들렀다. 줄을 사 가지고 끼우려 했지만 역시 서툴렀다. 근데 어떤 낯선 분이 줄을 끼워 주고 튜닝까지 하고는 '성자의 귀한 몸 날 위하여' 찬송을 연주해 주었다.

'어쩌면 저 악기에서 저렇게 훌륭한 소리가 나는 것일까?'

무엇보다도 중요한 것은, 그분이 연주를 통해 하나님께 사명을 호소하는 것이 느껴졌다는 것이다. 그리고 나는 그 동안의 하나님을 향한 원망과 슬픔이 치유되는 신기한 체험을 하였다. 전도사님이 "질병 속에서 연단받을 때 들은 천상의 음악은 뼈가 녹는 것 같이 환상적이었다."고 한 소리를 들은 적 있는데, 저 분도 사람이 아니고 천사인가 했다. 이름은 '박장환', 그리고 경희대대학원을 졸업했다고 했다. 전화번호를 적어 주었고, 나는 그 후로 박 선생님께 레슨을 받았다.

나는 지금이나 그때나 가진 것이 없었다. 또 사모라는 이름이 내게 늘 어울리지 않는다고 생각했다. 미안한 생각을 하던 차에 전도사님하고 찍은 사진 한 장을 맥없이 갖다 드렸다. 박 선생님 사모님은 아기를 낳고 몸이 많이 불어서 길에서 몸빼를 사다 입었다고 했다. 나는 속으로 웃음이 나왔다. 우리 전도사님도 갑자기 체중이 불어서 입을 옷이 없었기 때문이었다. 또 사모님은 "우리 정배가요 머리에 주사바늘을 꽂고 입원했었어요."라는 이야기도 했다. 천성적으로 꾸밈이 없고 베풀기를 좋아하는 소박한 성격임을 알 수 있었다.

어린 정배는 줄이 끊어진 바이올린을 어깨에 메고 소파 위로 어디로 장난꾸러기처럼 뛰어 다녔다. 너무나 귀여웠다. 하지만 몸이 매우 약해 보였다. 내가 오라고 하면 오지 않았는데, 어린 학생들이 레슨을 받으러 오면 자기와 놀자고 울면서 따라 다녔다. 레슨하는 곳까지 침입해 마구 뒤지다가 혼나면 바이올린처럼 울어 댔다.

"전도사님, 나 정말 아름다운 가정을 보았어요."

시골에는 젊은이들도, 아기들도 없었다.

"음악이 있고, 아기도 있고, 영혼이 맑은 부부예요."

선생님은 레슨실이 따로 없었다. 그래서 생각다 못해 홍익대학교 근처에 있는 학원을 찾아갔다. 용감하게도 나는 악기를 시작한 지 일 년도 안 되어서 전공을 하겠다고 곡을 달라고 하였고, 선생님은 귀찮은 듯 곡을 선택해 주었다.

08

아름다운 동해안
바닷가 교회로

　대학 시험 볼 때쯤, 교회 앞에 그림 같은 바다가 펼쳐져 있는 덕신교회로 목회 임지가 정해졌다. 교회 문을 열면 등대가 보였고, 종소리가 바다 위로 멀리 퍼져 나갔다. 여름에는 창밖으로 노란 키다리 국화가 흔들흔들 손을 흔들면서 나를 기쁘게 했다. "키다리 국화야, 너도 심심하니?" 그러면 "나도 그래요." 하고 웃는 것 같았다.

　이곳은 바닷가라 군부대가 많았다. 무교회주의자인 군종이 교회를 어지럽혀 놓았다. 그래서 우리가 이사 올 때 아무도 짐을 받으러 나오지 않았다. 거기다가 가을비까지 후드득 후드득 떨어지기 시작했다. 강원도에서 장독대에 고추장, 된장, 간장을 가득히 담아 놓고, 이거 다 먹을 때까지 우리 교회를 떠나지 말라던 정든 교인들이 차 앞을 가로막고 우는 바람에, 마음도 지치고 몸도 지쳐 있던 우리는 짐을 내릴 엄두가 안 났다. 정을 주고 정을 끊는 것이 이렇게 어려울 줄이야!

나는 감히 짐을 풀 생각을 못하고 낡은 풍금 위에 앉아서 찬송을 불렀다. "어서 돌아오오, 어서 돌아만 오오…." 찬송을 부르고 있노라니 다시 힘이 났다.

짐을 쌓아 놓은 상태에서 쓰러져 자는데, 그날 밤 우리 부부에게 하나님이 각자에게 앞으로 일어날 일과 이상을 보여 주셨다. 전도사님에게는 온 하늘이 어두움으로 덮이더니 그곳을 지배하고 다스리던 마귀 세력들이 나타나서 "이곳은 내 땅인데 여기에 무엇 하러 왔느냐?" 하는데, 보니 그 지역을 다 덮고도 남을 만한 어둠의 권세였다.

사단이 지배하는 이곳은 너무나 비참했다. 무당들과 산당, 그리고 미신이 만연했다. 핍박이 심해서 교회도 몰래 주택처럼 지었다. 조금 있으니 장무영 집사님이 왔다. 군종을 통해서 무교회주의 영향을 받은 분이었다. 그는 강대상 위의 의자에 다리를 꼬고 앉아서 전도사님과 이야기를 시작했다. 전도사님은 넓은 마음을 가지고 그를 치료해 나갔다.

어느 날 사택에 장성현이라는 사람이 기드온에서 나온 파란 성경책을 꼭 쥐고 찾아왔다. "귀신이 나를 죽이려 한다."고 했다. 잠을 잘 수도 없고, 때로는 바다로 뛰어들기도 해서 동네 사람이 건졌다고 했다. 굿을 수없이 하고, 또 몸이 허해져서 그런가 싶어 쇠고기도 많이 먹었지만 그것도 아니고, 요즈음에는 누워 있으면 귀신이 벽과 천장에서 보인다고 했다. 그러던 중 꿈에 지난 날 태백 광산에서 같이 일하던 예수 잘 믿는 친구가 나타나 "너는 교회에 나가야 살 수 있다."고 해서, 오늘 교회에 오게 됐다고 했다. 교회로 오는 도중에도 귀신들이 계속 못 가게 방해해서 30분이면 올 것을 4시간이나 걸려서 왔다고 했다. 실제로 그의 얼굴을 보니 눈은 붉게 충혈되어 있었고 땀도 비 오듯이 흐르고 있었다. 우리는 무슨 드라마를 보는 것 같았다. 많은 사람들이 간증하는, 처음 교회 오는 발걸음이 천근만근 무거웠다는 말이 새롭게 느껴졌다. 전도사님이 기도해 주고 복음을 증거했다. 그 성도가 말하기를 마귀들이 자기 동생한테로 간다고 했는데, 그 동생이 거제도 대우 조선에서 술 먹고 오다가 길에서 얼어 죽었다는 소리에 또 한 번 놀라지 않을 수 없었다.

덕신교회에 부임해 온 첫 날 나에게 보이셨던 것은, 큰 살구나무가 하나 서 있었는데 너무 허기가 졌던 나는 살구를 먹으려고 애썼지만 썩어서 도저히 먹을 수가 없었다. 그래서 아래를 보았더니 그 나무에서 씨가 떨어져 자란 조그마한 살구나무가 있었고 신기하게도 그 나무에 어린 살구가 다닥다닥 붙어 있었다. 배고팠던 나는 시고 떫었지만, 그래도 그 작은 살구들을 먹으며 배고픔을 달랬다. 후에 나는 큰 살구나무는 무교회주의로 심령의 상처를 입은 어른 성도들을 비유한 것이고, 어린 나무와 작은 살구는 어린 학생들 속에서 주님의 종들이 많이 나오리라는 것을 뜻하는 꿈이었음을 알게 되었다. 실제로 이 조그마한 교회에서 감신, 장신, 순복음 등 각 교단의 사명자들이 많이 나왔고, 잠을 못 자서 현종산을 오르내리던 청년은 지금 미국에서 목회하고 있다.

바닷가에는 미신이 만연해 있기에 그만큼 간증할 이야기도 많다. 화장품 장사하는 안상숙 성도의 자녀들은 밤에 자다가 밖을 나가 돌아다니는 몽유병을 앓고 있었다. 전도사님이 기도하고 말씀을 가르치면서 안정을 찾아갔다.

그리고 교회에 불구자들이 많아서 가슴을 아프게 했다. 신문수 씨는 온 몸이 틀려 있었고, 대식이는 예배 시간마다 간질을 하여 뒤로 넘어졌다. 총명한 광술이는 소아마비로 의족을 의지하며 살았고, 해처럼 밝기만한 춘예는 앉은뱅이였다. 등대지기 성도는 온 몸에 고치지 못하는 피부병이 있어서 머리가 허연데도 결혼을 못하고 외롭게 신앙생활을 하고 있었다.

이 외에도 정신병을 앓는 처녀 성도, 바닷가에 아버지를 잃고 교회에 와서 매일 우는 은숙 자매, 별거중인 김정순 집사님, 폐병으로 은행에서 사표 내고 쉬고 있는 봉윤이, 밤에 잠을 못 자서 산을 오르내리는 홍종순, 성한 사람이라고는 미술 대학을 다니다가 자포자기한 청년이 있었는데, 그 역시 심한 우울증에 빠져 있었다. 다들 기가 막힌 사람들이었다. 그러나 청년들은 동해 바다의 푸른 정기를 받아 강한 인내심을 가지고 잘 견뎌 냈고, 나중에 거의 목회자들이 되었다.

그 중 홍종순이라는 청년은 30살이었는데, 의사였던 아버지는 알코올 중독으로 일찍 돌아가시고 어머니와 함께 살며 고등학교를 졸업하였는데 그때부터 앞날에 대한 불안 때문인지 밤에 잠을 못 자는 병에 걸려 10년이 넘도록 고생하고 있었다. 집 앞의 현종산을 오르내리며 병과 싸움하다가 교회에서 잠을 자면서부터 치료가 되어 협성신학대학에 입학하게 되었다.

하루는 그가 5만 원을 들고 십일조라며 인사하러 왔다. 익명의 사람이 입학금 50만 원을 줘서 차비를 해 가지고 올라간다고 했다. 우리는 떨리는 손으로 십일조를 받았지만, 마음속으로는 '여기다 더 보태 줄까?' 하는 생각이 들었다. 그러나 그의 순수한 신앙에 손상을 주는 것 같아 그냥 보내고 가슴 아프게 맘 졸이며 기도했다.

그는 그 뒤로 길이 잘 열려서 공부를 무사히 마쳤고, 어느 날 예쁜 딸 홍우리를 낳아 사모님과 함께 와서 큰 절을 하고는 미국으로 가서 공부도 하고 목회도 하겠다며 다시 떠나갔다.

도사연 집사는 덕신3리 산 속 한 20호 정도 사는 곳에서 산전을 이루어 두 딸과 부모님을 부양하면서 사는 신실하고 정직한 사람이었다. 청년 같은 인상을 갖고 있었다. 산 속에서 15리를 뛰어서 새벽기도를 나오는데, 전도사님 목회에 대한 불만이 나처럼 많았다. 강단에 올라가기만 하면 청년들 보고 주님의 종이 되라고 외치는 데에 대한 불만이 많았다.

그런데 하루는 급히 찾아서 나가 보니 웬 노루 한 마리를 선물로 들고 와서 전도사님 해드리란다. 나는 깜짝 놀라서 노루를 어디서 구했으며, 이걸 어떻게 먹는가 하고 어리둥절해하며 물었다. 도 집사는 예배 시간에 하도 이사람 저사람 목사가 되라고, 그것도 한두 번도 아니고 기도할 때마다 그래서 늘 불만을 품고 있었는데 한 달 전부터는 더 이상 참기 힘들어 예배 시간에 일어서고 싶을 정도였다고 고백했다. 그런데 그 즈음부터 턱에 항아리 같은 것이 크게 잡혔는데, 어쩐 일인지 말도 할 수 없고 잠도 잘 수 없었다고 했다. 병원에도 가 보고 별 짓을 다 해도 차도는 없고, 아무래도 전도사님한테 반항을 해서 벌 받는가 싶어 회개하고 화해하는 마음으로 이 노루를 산에서 직접 잡아왔다며 받아 달라고 했다.

키가 커다란 사람이 노루를 안고 서 있는데 정말 턱이 형편없이 부어서 밥도 제대로 못 먹게 생겼다. 어린아이 같이 순박한 그 모습에 웃음이 나오는 것을 참으며 노루를 받아 들었다. 그리고 나도 모르게 내 턱도 만져 보았다. 나도 도 집사와 동감이었으니까. 다행히도 내 턱은 아직 무사했다.

전도사님은 그 특유의 감동 기도를 길고도 길게 했다. 그 뒤 신기하게 도사연 집사는 턱병이 나았을 뿐만 아니라, 명랑하게 새벽에 제일 일찍 나와 기도했다. 자녀가 있고 어려운 환경임에도 도 집사는 도시락을 여러 개 싸들고 서울로 신학교를 다니며 무섭게 공부하였다. 그 당시는 울진에서 서울까지 8시간이나 걸렸다. 그렇게 고생한 결과, 지금 도 목사님은 울진 오산1리 바닷가 옆에 순복음교회를 개척해 목회하고 있다.

지금도 그는 우리 목사님이 그랬던 것처럼, 조용한 산에 기도 처소를 두고 기도하며 늘 성령 충만해 있다. 동해 바닷가에서 베드로처럼 강하고 영성 있는 많은 청년들을 목회자로 일으켜 세우고 있다. 도사연 목사님은 우리가 울진 갈 때마다 반갑게 만나서 옛날 얘기를 나누곤 한다.

우리가 목회하는 덕신 바로 옆에 무릉이라는 동네가 있었다. 하루는 무릉 이장이, "어장이 10년 동안 고기는 안 잡히고 사고만 일어나 무당을 데려다가 풍어제로 대굿을 했으나 그래도 사고만 나고 여전히 고기가 안 잡혀서 죽게 생겼다."고 하소연했다. 가만히 말을 들어 보니, 그의 딸이 서울에서 전도사를 하고 있다고 했다. 전도사님은 "우리 한번 예배를 드립시다."고 했다. 지친 이장이 순순히 마을 회관까지 내주었다. 등이 굽은 장 집사님이 경운기로 운전해 줘서 그걸 타고 다니면서 한 달 여 동안 저녁마다 예배를 드리는데, 수요일에는 예배를 마치고 가서 예배를 드렸다. 난 항상 전도사님이 하는 일에 마음 볶일 때가 많았다. 같이 오래 살아도 늘 그렇다. "수요일까지 가야 하느냐?"고 해도 막무가내였다. 그러나 무릉으로 가는 바닷길이 너무 아름다워 마음이 금방 풀리곤 했다. 달밤에 보는 동해바다는 신비하기까지 했다. 달빛을 받아 반짝이는 모래와 영롱한 푸른빛을 띠는 바다, 그리고 잔잔히 부서지는 파도소리는 바라보는 이들로 하여금 저절로 시인이 되도록 했다.

얼마쯤 시간이 흐르자, 무릉 어장에 많은 고기가 잡혔다고 난리였다. 옆의 어장들은 여전히 흉어인데, 무릉 어장에는 고기가 떼로 몰렸다며 하나님이 살아 계시다고 사람들이 난리였다. 나도 투덜대었던 것을 후회했다. 바다를 펴시고 물고기를 그 속에 넣으신 이가 우직한 기도를 안 들어주고 견디시겠는가! 기도할 때는 우직하게 기도해야 한다는 것을 깨달았다.

교회에서 얼마 떨어지지 않은 곳에 백암 온천이 있었다. 전도 사님이 오토바이 뒤에 나를 태우고 그곳에 가는 가을 길은 꽃길이었다. 큰 나무들과 코스모스가 바람에 흔들려 갸우뚱거리며 인사를 하였다. 어디 임금님 행차가 이만하겠는가? 비와 눈만 아니라면 90CC 오토바이도 너무 신이 났다. 지금 생각하면 모두가 하나님 은혜였다.

교회에 무슨 행사가 있는 날이면, 외부 손님들은 이렇게 수군 거렸다. "이 교회에는 웬 병신이 이렇게 많아." 이런 소리를 들을 때마다 내 자식에게 그런 것처럼 마음이 저려왔다. 무교회주의는 우리를 참 무섭게 공격해 왔고, 그 어떤 인격적인 대우도 해 주지 않았다. 그러나 어린 학생들이 배추와 생선도 가져다주고 성미도 몰래 해 주었다. 부모들의 핍박도 심했다.

그러나 성탄절은 몹시 즐거웠다. 서로 선물 나누기를 했는데, 쪽지에 적힌 메모대로 하고서 선물을 가져가야 했다. 장무용 집사 차례였다. 부인을 업고 춤을 추라고 쓰여 있었나 보다. 서슴지 않고 곱사등에다 아내를 업고 춤을 추는데, 사람들이 좋아서 난리였다. 나도 너무 우스워서 마루를 치며 웃다가 갑자기 눈시울이 뜨거워졌다. 저들 부부가 성치 않은 몸으로 세상 살기에 얼마나 고생스러웠을까? 결혼부터도 너무 어려웠다고 했다. 신문수 성도도 그만의 특별한, 자칭 '닐리리 맘보'라는 너무나도 기가 막힌 춤을 추는데 아주 신명이 났다. 가만히 서 있기만 해도 웃음이 나오는 분인데 춤까지 추니 성도들은 박수치고 난리였다. 하지만 전도사님과 나는 가슴이 찡했다. 그들은 슬픔을 잊은 강인한 사람들이었다. 그렇게 될 수 있었던 것은, 아름다운 자연과 신앙의 힘이었다.

신문수 성도는 다리가 너무 틀려서 신발을 신지 못한 채 바지속에다 발을 집어넣고 땅바닥에 끌고 다녔지만, 얼굴만은 천진난만한 소년의 모습을 하고 있었다. 말도 어눌한 그는 시시때때로 교회에 와서는, 소강대상에 서서 찬송을 부르다가 차츰 신명이 나면 '엄마가 섬 그늘'을 시작으로 아는 노래들을 한참 부르다 끝으로 '기차길옆 오막살이'를 하고 축사까지 한 뒤 집으로 돌아갔다. 이는 문수 씨 나름대로의 기도였다. 어떤 때는 판장에서 오징어를 얻어 가지고 물이 뚝뚝 떨어지는 것을 손에 들고서 교회를 통과하고 사무실을 거쳐서 사택으로 가지고 들어왔다. 다리를 질질 끌면서 말이다. 나는 이처럼 아픈 사랑을 먹고 살았다.

09

때늦은
대학생활

졸업 연주회를 마치고

　나는 우여곡절 끝에 대구에 있는 대구가톨릭대 관현학과에 합격하였다. 그러나 등록금이 있을 리가 없었다. 전도사님은 괴로운 일이 있으면 잠자는 게 취미였다. 나는 그런 전도사님을 보면서 울화통이 터졌다. 내일까지가 등록금 마감인데, 달리 방도가 없었던 나는 나지막한 강단 위에 고개를 파묻었다. "하나님 안 믿는 사람들은요 술집에 가면 한 번에 몇 백만 원씩도 술을 먹는다는데, 오십만 원 때문에 사람들한테 멸시를 받은 게 너무 억울해요." 하며 울었다. 지금 그때를 생각하면 웃음이 나온다. 그런 소리를 어디서 들어서 그렇게 기도했었는지 모르겠다.

　얼마쯤 시간이 흘렀을까. "딸아, 들어가 자라. 하나님은 성도가 너무 슬퍼하는 것을 원치 않는다."는 말씀이 강하게 들려오는 것 같았다. "금도 은도 다 내 것이다." 나는 이 말씀이 학개서에 있는 걸 발견하였다. 성경을 한 번도 읽지 못하고 사모가 된 부끄러운 사람이었다. 전도사님은 내가 포기한 줄로 알고 있었다. 그리고 무기력한 자신이 부끄러운지 내 눈치만 보았다. 그런데 그 다음날 아침에 미국에서 등기 편지가 왔다. 덕신교회를 돕던 한 미국 성도가 새로운 목회자가 부임했다는 소식을 듣고 교회가 이단에 넘어갔다는 말에 중지했었던 헌금을 우편으로 보낸 것이었다. 나는 바로 달려가 등록을 하였다.

울진에서 학교까지 7~8시간이나 걸렸다. 나는 수녀원에서 운영하는 기숙사에 들어가 살다가, 나중에 비어 있는 무당 집에서 살았다. 무당 집은 지금 생각해도 신기하다. 방을 얻을 돈도 없으면서 마음대로 연습할 공간까지 필요했다. 우연히 복덕방을 통해서 월 이만 원짜리 독채를 아주 싸게 얻게 되었다. 조용하고 양지바르며 마당 한가운데에는 큰 나무 베어낸 터가 있어서 늦게 얻은 친구 현숙, 성숙과 셋이 앉아서 간식도 먹고 햇볕도 쬐었다.

그런데 전도사님이 처음 이사한 날, 자다가 벌떡 일어나서 캑캑대더니 목을 붙잡고 "사탄아! 물러가라." 하고 소리치는 것이었다. 나는 그렇지 않아도 대문도 확실치 않은 빈 집에서 혼자 살 것이 걱정스러웠는데, 그런 행동까지 하니 화가 났다. "왜 그래요?" 하고 신경질적으로 물어보았다. 사탄이 나타나서 목을 누르는데, 진짜처럼 목이 아프다고 했다. 전도사님이 그런 말을 하면 나는 싫었다. "왜 그 귀신이 나는 놔두고 전도사님 목을 졸라요." 하고 핀잔을 주었다. 그런데 전도사님이 교회로 돌아가고 몇 날 안 되어서 새벽에 갑자기 이상한 소리가 나는 것이었다. 깜짝 놀라 문틈으로 내다보니, 웬 할머니가 흰 소복을 입고 앞마당 뜰의 큰 나무를 베어낸 자리 밑에다 사과, 배 등을 늘어놓고 촛불을 켜놓고 빌고 있었다.

나는 순간, 초등학교 때 선생님이 늘 이야기하던 귀신인가 아니면 사람인가 판단하는데 시간이 필요했다. 그런데 그 사이 할머니가 일어서서 나가시는 게 아닌가? 나는 뛰어나가서 사과를 만져보았다. 귀신은 아닌 것 같았다. 마침 옆집에 교회 권사님이 계셨다. 나는 그제야 그곳이 무당 집이며 그 나무가 벼락에 맞았었다는 사실을 알게 되었다. 청년 두 명이 벼락 맞은 나무를 베어내다가 청년 하나는 떨어져 죽고 한 사람은 반신불수가 되어 병원에 누워 있다고 했다. 그 베어낸 나무는 500년 된 서낭당 삼나무고, 그 집은 지역에서 흉가로 알려져 한동안 비어 있던 집이었다. 그런데 반신불수 된 청년의 어머니가 아들을 위해 나무 밑에서 정성을 드린다고 했다. 전도사님이 기도해 주셔서 그런가? 나는 그 집에서 아무 탈 없이 살다가 졸업을 했다.

학교생활은 그런 대로 즐거웠다. 어느 일이고 목회보다는 편했다. 내 레슨을 맡은 선생님은 가정사로 인하여 나 같은 사람을 차분히 레슨할 수 있는 상태가 아니었다. 나는 혼자서 독불장군 식으로 많은 연습을 하였다. 하지만 이때 나쁜 습관들이 굳어졌고, 그것을 알아차린 때는 이미 늦어버렸다. 선생님을 바꿔 달라고 했지만, 더 좋아지지 못했다.

10

교생 수업

　자연히 나는 다른 교양과목에 취미를 붙이기 시작했다. 우리 교회 근처의 매화중·고등학교에 교생 실습을 나가게 되었다. 거기에서도 심각한 문제가 나를 기다리고 있었다. 여기 음악 선생님은 지독한 알코올 중독자였다. 아침마다 사무원이 가서 깨워야 할 정도였다.

　근래에 매화중·고등학생 하나가 사소한 싸움으로 죽은 터라 학교는 경직돼 있었고, 학생들은 숨죽이고 교사들은 겁에 질려 있었다. 그러다가 또 사건이 터졌다. 아버지가 배에서 돌아가신 지 얼마 안 되는 우리 교회 은숙이의 남동생이 싸움을 하다가 상대편 아이를 다치게 한 모양이었다. 놀란 그 아이의 학부모가 은숙이 동생을 퇴학시키지 않으면 자기 아이를 학교에 보내지 않겠다고 난리였다. 내가 보기에는 충분히 넘어갈 수 있는 작은 일이었다. 은숙이네는 형편이 어려워서 다른 곳에 진학을 시킬 여력도 없었다.

전도사님은 은숙이 자매들에게 군부대에서 짬통을 가져다가 돼지를 키우게 했다. 아버지를 잃고 교회에 와 목 놓아 우는 은숙이를 마침 성악을 전공한 사모님이 있어서 레슨받도록 했다. 대구 MBC 고교생 노래대회에서 우수상 받은 것이 계기가 되어 성악을 전공하게 됐고, 훗날에는 장로교회 목회자의 사모님이 되었다.

은숙이 어머니는 횟집에서 고생을 하고 있었다. 교장선생님은 은숙이 동생을 퇴학시키고 흐트러진 학교 기강을 바로잡으려고 마음먹고 있었다. 나는 젊은 선생님들을 설득하기 시작했다. 자라 보고 놀란 가슴 솥뚜껑 보고 놀란다고 매일 같이 학생들이 죽겠느냐고, 그 학생을 빨리 풀어 줘서 공부를 하게 하자고 했다. 그 사이 교장선생님한테 음악 교생이 강하게 반발한다는 항의가 들어갔다. 그러자 다친 학생 부모는 교생이 학교를 뒤흔든다고 반발하며, 스승의 날에 술을 마시고 와서는 울며 더욱 난리를 쳤다. 그러거나 말거나 아버지 돌아가신 상처가 아직 아물지도 않은 학생이 공부를 못하고 매일 반성문만 쓰면서 처분을 기다리는 것만 눈에 보였다.

드디어 전도사님까지 동원됐다. 얼마 전에 학생 몇 명이 슈퍼
문을 부수고 들어가서 과자 몇 봉지를 훔친 사건이 있었다. 문을
부수고 들어간 것이 주인을 화나게 했고, 법적으로도 받게 될 처
벌이 무거웠다. 소년원으로 넘어가게 된 것을 억척스러운 전도사
님이 각서까지 쓰면서 학생들을 학교로 돌려보냈다. 이 일 때문
에 교장선생님이 전도사님을 무시할 수 없어서, 은숙이 동생 일
은 선하게 해결되었다.

음악 선생님도 그대로 놔두면 폐인이 될 것 같아, 배우자를 먼
데서 찾지 말라고 충고했다. 하나님은 우리 주위에 항상 아름다
운 사람을 예비하고 계신다고 말해 주었다. 결국 그 선생님을 불
쌍히 여기며 헌신적인 뒷바라지를 했던 학교 사무원을 소개해서
결혼을 하게 되었고 차츰 안정을 찾아갔다. 얼어붙었던 학교도
다시 활력을 되찾았다. 지금도 그들이 악을 쓰며 불렀던 개똥벌
레라는 노래가 내 귓전을 울린다.

부모의 무관심과 사춘기의 방황 속에서 심한 갈등을 겪는, 잘못
이해하면 무서운 바닷가 아이들이지만, 진실을 알고 보면 푸른
바다의 정기를 타고 강하고 깊은 품성을 지닌 멋진 아이들이다.
이해해 주고 사랑만 해 주면 너무나 착하고 순한 모습을 보였다.

나는 영혼 구원하는 일이 내 직무이기 때문에 절대로 학교 선생을 할 수 없다는 것을 알고 있었다. '어여쁜 장미야', 이것이 나의 마지막 아름다운 수업이며, 이들이 마지막 제자라는 생각에 아픔이 밀려 왔다. 한편 나는 눈에 보이지 않는 세계(목회)에 대한 무게를 느꼈다. 아이들 가르치는 일도 쉽지 않지만, 그만큼 큰 매력도 느껴졌다.

드디어 전도사님이 목사 안수를 받았고, 내 동생 상돈이는 감옥에서 나와 복학을 하였고 백의출판사 일도 열심히 했다. 책마다 화제의 책에 올랐다. 최초로 고르바초프 원문을 번역했고, 북한 사전과 여러 가지 사회과학 책을 찍어 냈다. 학생 운동을 했기 때문에 늘 정부의 감시를 받던 그는 책 문제로 다시 감옥에 들어갔다. 첫 번째는 자기가 좋아서 갔지만, 두 번째는 억울해했다. 툭하면 감옥에 집어넣던 시절이었다. 나는 부모님 생각해서 학생 운동을 그만 두라고 했다.

나쁜 정치인도 하나님이 세운다고 안 했던가? 일 년 살고 나와서 인천 공장에서 노동 운동을 하였다. 쇠파이프를 들어 올리고 깎는 아주 힘든 작업을 한다고 들었다. 그러던 어느 날, 깜짝 놀랄 일이 발생했다. 친구랑 자취를 했는데 연탄가스가 새었는가 보다. 둘 다 거품을 뒤집어쓰고 누워 있는 것을 식당 아주머니가 발견해서 병원에 옮겨 간신히 생명은 건졌지만, 약간 이상한 모습이 오래 지속되었다. 내 동생이 꼭 폐인이 된 기분이었다. 총명한 아이였는데, 너무 불쌍했다. 나는 요셉처럼 꿈쟁이인데, 내 동생이 성경의 정석(貞石)을 찔러서 쓴 글을 보았다. 그가 목사요 신학자로 살기를 기도했다. 그는 한국신학대학원에 들어가서 지금은 무척 연단을 받고 있다. 그리고 나는 은혜 가운데 음악대학을 졸업하였다.

전라도 이리에서 목사님 안수받던 날, 새벽에 잠을 자다가 또 요셉처럼 꿈을 꾸었다. 그리 크지 않은 고운 흙 밭 가운데 앉아서 뙤약볕 아래에서 기도를 하고 있었다. 이것은 중소 도시에서의 개척을 의미하는 것 같았다. 부산에서 우리를 초빙한 교회가 있었지만, 마침 목사 안수받는 날 친분이 있는 목사님이 끈질기게 전라도 지역에서 개척을 하라고 졸라 댔다.

임지를 정할 때 인간적인 생각으로 도시가 자녀 교육, 물질, 문화 등 조건이 좋다고 쉽게 결정하다가는 잘못하면 성령에 뜻을 이루지 못할 수도 있다고 생각된다. 바울도 아시아로 가려고 했지만 성령이 뱃머리를 유럽으로 돌려 주셨고, 요나도 마찬가지였다.

우리는 고민했다. 느낌은 좋았지만, 현실적으로는 타당성이 없었다. 우리는 가평 부모님을 통해서 2백만 원을 마련했다. 이것이 오병이어가 되면 하나님 뜻이라고 생각했다. 울진 덕신교회는 상한 심령들이 많이 치료되었고, 부흥도 되었다. 놀라운 일은, 처음임지에 도착했을 때 암시해 주셨던 것처럼 폐인처럼 내일의 소망과 꿈이 없었던 젊은이들이 회복되어 신학을 공부하게 되었다는 점이었다. 나이로 보나, 환경으로 보나 도저히 신학을 할 수 없는학생과 젊은 청년들이 씩씩하게 신학을 하는 것이 아닌가! 감리교, 장로교, 순복음, 해외 선교사, 그리고 사모님들까지 조그마한교회에서 열 명 이상의 열매를 주셨다.

처음에는 이것 때문에 목사님과 다툼을 하기도 했다. "왜 당신은 강단에만 올라가면 몇 명 안 되는 사람들을 다 목사님 되라고기도합니까? 그렇다면 이 어촌 교회는 누가 지키나요? 그 즉흥적이고 감정적인 목회에 나는 이제 진절머리가 나요. 제발 이성적이고 합리적인 목회를 하셨으면 해요." 하고 대들었다. 그러면우리 목사님은 "그것도 맞다. 그리고 다음부터는 조심하겠다."고대답했다. 그러나 그러면 뭐 하겠는가. 영락없이 강단에 올라가면 또 시작했다. '영성이 있는 주님의 종 밑에서 사도들이 일어나나 보다!' 하고 이해한다. 성령이 가라사대 하면 돌진하는 것과 같다.

예수님도 바닷가에서 제자를 택하셨는데, 바닷가 사람들이 영

성도 성격도 대담한 것이 아닐까 싶다. 이제 어느 목사님이 오셔
도 이 덕신교회는 잘 사역할 수 있는 분위기가 조성되었다.

11

벚꽃이 흩날리는 날,
짐을 풀다

1987년 3월 26일, 이리 영생교회에서 사 안수를 받았다.

부산의 10 명 모이는 교회에서 초빙 제의 가 왔는데, 마음은 자꾸 전라도로 향 다. 목사님과 나는 갈등을 다. '끌리는 대로 하면 꼭 고생이 많던 ' 하고 부산으로 고 하자, 마치 계란을 바위에 던지는 듯한 낭패 것이었다.

결국 전라도에서 개척하기 위해 목사님이 시댁에서 이백만 원을 가져왔다. 부모님은 안전한 목회를 원하셨다. 개척 장소를 마련하기 위해 이백만 원을 들고 군산 이리를 맴돌았다. 한참 서해안 붐이 일어날 때라 적은 돈 가지고 건물 얻기가 어려웠지만, 하나님께서 우리에게 꼭 맞는 사택과 교회 자리를 마련해 주셨다.

드디어 1989년 4월 중순에 우리는 십자가 하나 들고 군산으로 이사 왔다. 또 아무도 받아주지 않는 곳에 짐을 내렸다. 가랑비와 함께 벚꽃이 흩날리던 날, 목사님은 급히 짐을 풀었다. 가지고 온 것은 울진 목수 성도한테서 만든 나무 십자가 하나였다. 조그마한 상을 놓고 목사님과 나는 예배를 드렸다.

그런데 문제가 생겼다. 짐을 풀고 감리사님을 찾아갔는데, 꼬치꼬치 묻는 것이었다. "누가 도와주느냐? 개척 멤버가 있느냐?" 우리는 생각지 못한 질문을 받고 당황했다. 개척을 하게 되면 먼저 그 지방 감리사님한테 인사를 해야 하는 것을 몰랐던 것이다. 감리사님은 화가 나 있었다. 우리같이 무모하게 개척하면 선교는 그만 두고라도 굶어 죽는다고 했다. 더구나 우리 교회와 옆 교회에서 너무 가까운 곳에 개척했다며 야단이라고 알려 주었다. 다른 목사님들이 옆의 교회와 거리를 재서 이사 가라고 했다.

"교회를 지은 것도 아닌데, 우리는 아시다시피 이사할 돈이 없어요."라고 했더니, 그분들은 우리가 군산을 떠나기를 원했다. 우리는 난감했다. 타 교파 목사님까지 창립 예배를 못 드리는 우리를 이상하게 쳐다보았다. 교인도 없이 조그마한 교회가 들어섰는데, 군산 시내가 시끄러웠다. 그러나 성령님은 엎드려서 기도만 하라고 가르쳐 주셨다.

인천에 계신 이춘직 목사님이 대단히 화가 나셨다. "삼남연회가 감리교 불모 지역인데, 젊은 사람이 개척을 하면 도와줘야지 이런 법이 어디 있느냐?"며 펄펄 뛰셨다. 그때 서울 한사랑교회 임영훈 목사님이 우리를 눈여겨보고 돕기 시작하셨다. 지방 목사님들이 주춤했다. 헌 차도 한 대 주셨고, 후에 한사랑교회에서 땅도 사 주셨다.

드디어 창립 예배를 드리고, 목회를 시작했다. 둘이서 한참 예배를 드렸다. 사람이 그리웠다. 이곳은 음식 문화도 넉넉하고 인정도 있었다. 하지만 교인들은 무리를 지어 몰려다녔고, 또 교회를 아주 쉽게 개척하고 그래서 제법 큰 교회가 없었다. 우리는 옮겨 다니는 교인들을 조심했다.

한사랑교회 디딤돌이 될 가정을 얻었다. 바로 은혜엄마 문혜숙 권사다. 젊은 신혼부부가 인천에서 이사 왔다. 그런데 성결교회 성도라고 하면서 마음을 주지 않았다. 지금은 대학생이 된 은혜가 그 당시 겨우 엉금엉금 기어 다니면서 목사님 품에 잘 안겼고 그것도 모자라서 집에 오려고 하면 목사님 다리를 꼭 끌어안고 놓아주지 않았다. 그제야 문 권사님 부부는 마음을 정하였고, 그 뒤로 지금까지 괴로우나 즐거우나 순종과 기도로 목사님을 뒷바라지하고 있다. 개척 교회 교인 하나는 산삼을 얻는 것보다 더 어렵고 기쁘다.

드디어 조립식 건물을 지었다. 천장이 낮아서 여름에는 보통 38

도를 웃돌았다. 교회와 붙어 있어서 통풍도 되지 않았다. 더위에 지친 나는 심한 기관지 천식을 앓았는데, 그런 와중에 하나님의 은혜로 임신을 하게 되었다.

목사님은 접시꽃을 화단에 많이 심었다. 접시꽃처럼 강하고 질긴 아이를 가지라는 뜻이었다. 하모니음악사에서 들었던 찬송이 마음속에서 계속 나에게 손짓하고 있었지만, 전혀 바이올린에 손을 대지 못했다. 매일 열심히 먹고 아기 생각만 했다.

그런데 내가 아기를 가지니까, 갑자기 젊은 부부들이 와서 임신을 하고 나를 따라서 새벽기도를 하고 그랬다. 그때 태어난 아이들이 사무엘, 은총이, 영광이, 사라, 에스더, 유라, 디모데, 명우, 자애, 인애, 모세 등이었다. 그 중 모세는 목사님이 기도하다 태몽 같은 꿈을 꾸셨다. 물에 남자 아이가 떠내려가는데 목사님이 건져서 문미숙 집사님한테 넘겨주었다고 했다. 그 후 응답이 오는데 "물에서 건졌으니 모세라 하마." 그 뜻이 전해 왔다. 기도하고 3년 만에 주신 것이었다. 우리 교회에서 모세와 같고, 사무엘과 같고, 사라와 같은 그런 훌륭한 인물들이 많이 나오길 기도했다.

자애를 출산할 때는 일주일 전에 산모가 금식을 할 만큼 강하게 훈련시켰다. 자애 엄마가 토요일 날 산부인과에 입원을 했는데, 그 다음날인 주일 새벽에 나는 신기한 꿈을 꾸었다. 우리 교회 문혜숙 권사님이 손에 피를 묻혀서 나에게 보이는 것이었다. 가만히 보니 생명을 받은 손이었다. "무엇이에요?" 나는 물어보았다. "명구가 알면 싫어하는 거예요." 하고 말했다. 외아들이었기 때문에 명구 성도는 아들을 원하고 있었다. 나는 실망했다. 초신자였기 때문이다. 그런데 산모 이마에 피가 묻어 있었다. '아! 수술이구나. 자연 분만한다고 그랬는데.' 그런데 무언가 강한 느낌이 왔다. 이 아기는 하나님의 인자한 사랑으로 만민을 주께 인도하여 낼 여종이라고. '아! 그렇다면 이 애를 인자할 자(慈), 사랑 애(愛), 자애라고 지어주자.' 딸을 낳고 실망해서 누워 있는 자애 엄마에게 이름을 주었다. 나는 시편 139편 13절의 "주께서 내 내장을 지으시며 나의 모태에서 나를 만드셨나이다." 말씀을 실감 있게 이해하게 되었다.

청주에서 이사 온 성도가 있었다. 집도 못 구해서 권사님 두부공장 컨테이너에 임시 머물러 있었고, 아이는 선교원에서 돌봐 주었다. 남편은 술을 좋아했고, 10년 동안 변변한 직장 생활을 잘 하지 못했다. 그런데 그 집에 이미 자녀가 둘이나 있는데 또 아이가 생겼다. 아이를 지우고 싶어 하는 것 같았으나, 나는 절대로 안 된다고 했다.

그런데 문 권사님이 꿈에서 그 아이가 붉은 베레모와 붉은 천에

싸여서 흙탕물에 떠내려가는 것을 간신히 건져냈다고 했다. 나는 그 아이가 불쌍해서 이 세상에 태어날 수 있기를 간절히 기도했다. 드디어 아이를 낳았는데 남자아이였다. 그 아이를 안고 기도하는데 눈물이 앞을 가렸다. 비록 형편은 어려웠지만, 대대로 천주교 신부와 수녀를 많이 배출한 집안이란다.

아무튼 이처럼 젊은 부부들이 와서 아이들을 많이 낳았다. 유아실에 들어가면 아기들이 젖병을 물고 쭉 누워 있어 바라보기만 해도 행복했다. 이 아이들은 기도를 먹고 자랐다. 교회를 건축할 때 저녁마다 끌려와서 성전 건축가를 부르고 저희들끼리 놀기도 하고 싸움도 하며 건강하게 자랐다.

목사님은 성령에 이끌리어 새벽기도가 끝나는 대로 지금의 교회 터를 맴돌며 기도를 했다. 나는 그때마다 목사님하고 말다툼을 했다. 땅을 사려면 복덕방에 가서 알아봐야지, 무작정 운동화와 바지에 흙을 묻히고 기도만 하면 되느냐고….

12

암환자를 통하여 시작된
교회 건축

신부가 지아비를 위하여
단장한 것 같은 아름다운 성전

어느 날, 우리 교회에 임윤자 집사님이 찾아 오셨다. 실은 임 집사님은 예전에 교회를 나오던 교인이었다. 그는 전에 고민이 있다면서 우리에게 상담한 적이 있었다. 점포를 얻어서 장사를 하는데, 그 점포는 안 되기로 유명한 명산시장의 골동품이라고 했다. 그러면서 요즘은 아예 문을 닫고 사글세만 50만 원씩 물어내고 있다고 해서, 한 달 동안 그이와 그 문제를 놓고 기도했다. 그러던 어느 날 전화가 왔다. 자기네 가게 바로 앞에 최고의 호황을 누리던 정육점이 있었는데 원인모를 불이 나서 단골이 떨어질까 봐 자기네 가게, 즉 명산시장에서 제일 골동품인 가게를 할 수 없이 인수하게 되었다고 전하였다. 그리고 임 집사님은 곧 갈비집을 열었다. 그 터에 가서 보니 풍요로운 느낌을 받았다. 목사님은 그분이 서원한 것을 이루리라고 말씀하였다. 그때 우리 교회 강단에 휘장 없이 십자가를 걸어 놓고 있었는데, 임 집사님이 자기가 교회도 짓고 휘장도 해 놓겠다며 수없이 약속을 하였다. 하지만 결국 임 집사님은 이 핑계 저 핑계로 못하겠다고 했고, 나중에는 바쁘다고 교회조차 나오지 않았다. 그 성도를 잊고 있었는데, 오늘 찾아온 것이다.

그이의 말인즉, 위암 말기인데 우리 교회에서 금식을 하며 기도하고 싶다고 했다. 목사님은 단번에 거절했다. 순복음 기도원에 가라고 했다. 그런데 사무실 밖에 있던 내게 세미한 성령의 음성이 들렸다. 건축하는 일에 사명을 가지고 왔으니 받아서 금식을 하게 하라는 것이었다. 나는 급한 마음에 "목사님, 제가 도와서 유아실에서 금식을 하게 할게요." 했더니, 목사님은 큰 소리로 야단을 쳤다. 옛일이 참으로 섭섭했던가 보다. 그때도 여전히 휘장이 없어서 흰 벽에 십자가를 걸어 놓고 있었다. 하지만 나는 계속해서 설득했다. 목사님은 할 수 없이 양보했고, 나는 그이를 유아실로 안내했다. 체온이 떨어지지 않도록 소금을 미지근한 물에 타서 마시게 했다.

금식 3일째 되던 저녁에, 강홍구 권사님이 찾아왔다. 임 집사님 몸속의 암 덩어리가 포도송이처럼 쏟아져서 대야로 수도 없이 받아 화장실에 버린다고 했다. 강 권사님은 "사진을 찍을까요?" 그랬다. "아니, 권사님은 그게 뭐 좋은 것이라고 사진을 찍어요?" 그곳에 남편이 와 있었다. 이 소리를 들은 임 집사 남편은 화가 나서 당장 집으로 데려가겠다고 했다.

나는 아무 소리도 못했다. 집사님은 하혈을 너무 많이 해서 얼굴을 차마 볼 수 없을 정도로 창백했다. 그러나 당사자인 집사님은 완강히 버텼다. 죽어도 여기서 죽고, 수술은 절대 안 한다고 했다. 내가 생각해도 '수술해도 살 가능성이 없을 정도로 암이 가득 차서 저렇게 쏟아지는 것이 아닌가?' 싶었다. 나는 처참한 심정으로 강단 위에 가슴을 대고 엎드렸다. 겁도 났다. 목사님이 반대하는 것을 했기 때문에 마음이 무거웠다. 그런데 기도하는데 마음에 평안이 오면서 너무도 기쁜 마음이 들었다. 갑자기 신부가 지아비를 위하여 단장한 것 같은 아름다운 성전의 모습이 강하게 느껴졌고, 마치 눈으로 보는 것 같아 나도 모르게 감탄을 자아냈다. 물밀듯이 기쁨과 평안이 몰려 왔다. '도대체 이게 무슨 일인가? 사람이 죽어가는데 성령은 이런 기쁨을 주신단 말인가?'

나는 기도하고, 곧 유아실로 갔다. 임 집사님도 얼굴이 평안해져 있었다. 그는 하혈도 그쳤고 암덩어리는 쏟아 낼수록 좋은 것이라고 말했다. 나는 "그러면 얼마나 좋겠냐?"고 말했다. 그는 이어 "제가 교회 짓겠다고 서원을 해 놓고 이루기는커녕 주일도 제대로 못 지키고…. 죄를 너무 많이 지었어요. 늦었지만 제가 마음대로 쓸 수 있는 돈이 천삼백 정도 있습니다. 성전 건축을 조금이라도 이루고 가겠습니다."고 말하였다.

목사님이 마침 복음 건축설계사 사장님을 알고 계셔서 지금의 교회 설계를 완성하게 되었다. 목사님과 나는 절대로 내일을 염려하지 않는다. 설계도를 바라보며 기뻐하였다. 그리고 수많은 교회들의 내부 구조를 살피며 사진도 많이 수집했다. 그러던 어느 날 또 성령님의 세미한 음성이 들리는 것 같았다. 11월인데 기공 예배를 드리라는 것이었다. "아니 하나님 건축 헌금도 없는데, 그리고 11월에 기공 예배를 드린다고 겨울에 무슨 교회를 지을 수 있겠어요?" 하고 나는 반문했다.

목사님과 의논했다. 목사님도 기도하시더니 인간의 머리카락도 세시는 하나님이신데 분명 간섭하심이 있는 것은 당연한 것이니까, 하나님 예정에 맞추자는 것이었다. 서울 한사랑교회 목사님께 말씀드렸더니 안 된다고 하셨다. 11월이 얼마나 바쁜데 기공 예배이며, 또 겨울에 무슨 공사를 하겠느냐는 것이었다. 그러나 우리는 계속 설득했다. "성령도 하나요, 하나님도 하나인데 똑같이 응답을 주세요." 하고. 드디어 임영훈 목사님이 허락하셨고, 우리 교회를 지교회로 키워 주시기로 약속하셨다. 산북동 사토지에 땅을 사 주셨다. 11월 말에 기공 예배를 드렸더니, 서울 한사랑교회에서 이천만 원이 넘게 헌금을 모아주셨다. 생각지 않은 일이었다. 기공 예배를 통해서 이렇게 많은 물질을 주실 줄 몰랐다. 우리는 다만 순종한 것뿐이었다.

군산은 겨울에도 춥지 않았다. 목사님은 신이 나서 옆의 교회 집사님을 데리고 땅을 팠다. 쌀쌀한 날씨였지만 신이 났다. 그런데 한 달 조금 넘게 일을 하고 나니까, 돈이 똑 떨어졌다. 함께 일하던 집사님도 물건을 예약해 놓았다가 책임질 수가 없다고 느꼈는지, 이렇게 물질이 공급되지 않는 상황에서는 한 발자국도 더 공사할 수 없다고 손을 들고 말았다. 아니나 다를까 일하던 사람들이 노골적으로 돈을 달라고 덤벼들었다. 우리는 그제야 정신이 번쩍 났다. 이렇게 돈이 빨리 바닥날 줄은 몰랐다.

'우리가 지금 무슨 일을 하는 것인가?' 하는 의문을 갖게 되었다. '건축을 진행하기에는 아무런 대책이 없는 것이 아닌가?' 우리는 중단하고 계속 기도를 했다. 그리고 금식에 들어갔다. 그때 "엘리 엘리 라마 사박다니" 이천 년 전 갈보리 언덕에서 부르짖었던 찢어질 것 같은 청년 예수의 음성이, 인간에게 버림받고 죄 때문에 하나님께 버림받은 고통의 소리 "엘리 엘리 라마 사박다니"

가 세상이 진동하도록 들려왔다.

인류를 사랑하시는 고통의 소리였다. 찬송가 186장 곡으로 찬송시가 왔다.

"내 주의 성전은 주님의 몸일세 날 위해 피 흘려 주신 거룩한 전이라 내가 이제서 주 뜻 아오니 한량없는 사랑이 날 구속하시네."

성전 건축은 교회가 갈 곳이 없어서가 아니고 하나님의 뜻이다. 주가 하신다고 고백하며 일을 진행할 것을 말씀하셨다. 2절 찬송이 주어졌다.

"신유의 능력이 이 전에 임하네 사명자 길러내는 집 물권이 넘치네 내가 이제서 주 뜻 아오니 초대교회 사명을 이루게 하소서."

신유의 능력이란, 정신적·육체적·영적으로 심각한 상처를 가진 자를 치료하는 능력을 말한다. 그래서 그런지 몰라도 우리 목회에는 상처가 많은 사람들이 많았다. 우리가 환난 만난 자들의 대장이기 때문인지는 몰라도, 우리 주님의 못 박힌 상처 자국을 통해서 상처를 치유하는 힘은 엄청난 것이었다.

주님의 종들(목사님과 사모님, 그리고 찬송을 맡은 자들)을 제단에서 사명으로 길러내어 "갈보리 언덕의 고통의 피 값을 증거하라"는 거역할 수 없는 주님의 음성이 들려왔다. 북방에 교회를 많이 짓도록 앞으로 물권 사명자를 주시겠다는 약속도 있었다. 그리고

3절이 주어졌다.

"내 주의 성전은 노아의 방주라 마지막 환난 시대에 만민 구속하네 내가 이제서 주 뜻 아오니 마리아의 옥합을 깨트려 드리네."

앞으로의 북방 선교를 예시했다. 이 찬송시를 그대로 옮

군산 한사랑교회 성전건축가

찬송가 186장곡
이 은 숙 사모작사

1. 내 주 은성전은 주 님 에몸일 세
2. 신 유 의능력이 이 전 에입하네
3. 내 주 의성전은 구 원 에방주 라

날 위 해피흘 려주신 거 룩 한전이 라
사 명 자길려 내는집 물 권 이넘치 네
마 지 막환난 시대에 만 민 구속하 네

내 가 이제 서 주 뜻 아 오 니

한 량없는 사랑이날 구 속하시네
초 대교회 사명을이 루 게하소서
마 리아에 옥합을깨 트 려드리네

겨서, 우리는 교회 건축이 완성될 때까지 의식주만 해결하고는 전
재산을 드리기로 했다. 사무엘 때문에 조금 저축한 것과 패물을
다 정리하니, 한 오백 만원이 되었다. 이것부터 마리아의 옥합을
깨트려 드리는 심정으로 정성껏 드렸다. 그리고 교인들은 재산의
십일조를 드리는 운동을 했다. 몇 안 되는 애기 엄마들이 기쁨으
로 순종했다.

후에 내가 작사한 찬송가가 중국 조선족 교회에서 노인들을 통
해 불러지게 되었고, 그들 생전 처음으로 금붙이를 바치며 마리아

의 옥합을 깨트렸고 이는 동북산성에까지 퍼져 나갔다. 봉헌식 때
도 이 찬송가를 불렀다. "사모님이 국문학을 전공하셨나요?" 해서
부끄러웠다.

봄에 성전 건축을 다시 시작하였다. 매일 간식을 만들면서 너무
기뻤다. 하지만 돈이 너무 턱없이 부족했다. 공사비가 떨어질 때
금식을 하면 꼭 물질이 주어졌다. 이상한 일이었다. 그러나 건축
업자가 우리를 불신했다. 우리 꼴이 아무래도 공사를 끝까지 책임
질 수 있을 것 같지 않았던 것이다. 지금 생각하면 세상 사람에게
는 당연한 일이었다. 다른 곳의 공사는 하면서 우리 공사는 진행
하지 않았다.

그들과 옥신각신하다가 목사님이 화가 하늘 끝까지 나고 말았
다. 이미 흔히 볼 수 있는 성직자의 모습이 아니었다. 나에게 교회
를 맡기다시피 하고, 사나운 사람들과 대하면서 건축 일을 직접
하다 보니 노가다 십장처럼 되어 갔다. 나는 목사님에게 더 많이
기도하고 자제할 것을 요구했다. 그러나 목사님은 불과 같은 성격
인지라 자제할 줄을 몰랐다.

나는 저녁 기도회를 이끌며 교인들을 영적으로 보호하면서 건
축을 기도로 도왔다. 문밖 출입도 안 하던 나를 하나님은 이끌어
내시어 교인들과 성경공부를 하며 합심 기도를 하게 하셨다(마

18:19). 합심 기도의 위력은 대단했다. 지금까지 19년 동안 너무 많은 응답을 받았다. 지혜를 주시면서 건축업자를 다루게 하셨다. 공사할 만큼만 돈이 주어지는데 이들은 공사는 지연시키고 돈만 달라고 하는 것 같았다. 그들과의 밀고 당기는 피곤한 싸움이 계속 되었다.

목사님을 보호할 힘이 교회에는 없었다. 어느 주일 저녁, 그들이 쳐들어와서 설교하러 나가는 목사님 흰 셔츠에 피가 묻게 했다. 그때 나는 간절히 기도했고, '아, 지금은 법적으로 저들을 내보낼 수가 없지만, 하나님의 방법으로 내보내고 직영으로 교회가 지어지겠구나!' 하는 위로를 받았다. 이방인도 아닌 성도가 성직자를 피 흘리게 한 손으로는 성전을 못 만지게 하겠다는 뜻이었다.

그 일이 있은 후 얼마 되지 않아 건축업자에게서 전화가 왔다. 병원에 입원중인데, 이주일이 넘도록 열이 떨어지지 않는다는 것이다. 제발 와서 기도해 달라고 부탁했다. 목사님이 기도하니 다행히 열이 내렸다. 퇴원한 건축업자는 부인과 함께 교회에 나와서 특별찬양을 하였고, 그 부인이 금목걸이를 헌금해서 지금의 종탑에 십자가를 세우게 됐다. 우리는 그들을 위해서 40일 동안 철야 기도를 했다.

회개하는 마음으로 다시 공사를 시작했다. 그러나 그들은 믿음에 서지 못하고 계속 난리였다. 교회 천장 공사를 할 때였다. 와중에 여름성경학교를 끝내고 나는 아침밥을 하는 것도 잊은 채 깊은 잠 속에 빠져들었다. 그런데 2층에서 감독하던 목사님이 집으로 들어오는 소리가 들렸다. 그 순간, 나도 모르게 "목사님, 3층 기도실로 올라가세요." 하고 소리쳤다. 그러자 목사님이 "기도만 하고 있으면 누가 교회를 지어 주나? 지금은 건축할 때야." 하며 획 나가버리는 게 아닌가.

그러고 10분 정도 시간이 흘렀을까? 일하던 청년이 들어와 목사님이 본당 2층에서 떨어졌다며 다급하게 전하였다. 천장에 올라가서 점검하다가 화를 당한 것이었다. 잠이 확 깼다. 빨리 구급차를 부르라고 했다. 2층으로 올라가 볼 힘이 없었다. 4미터가 되는 곳인데, 온 힘이 다 빠져나갔다. 조금 있으니 구급차가 왔다. 머리에서 피가 뭉클뭉클 쏟아지고 있었다. 사무엘이 떨고 있었다. 난 사무엘을 업고 다독거렸다.

군산의료원에서는 피가 멈추지 않으면 곧 수술에 들어가야 한다고 했다. 팔이 심하게 부러졌고, 타박상을 많이 입었다. 나는 갑자기 당한 일 앞에서 어찌해야 할 줄 몰랐다. 어린아이들과 어머니밖에 없는 교회는 나에게 어떤 힘도 되지 않았다. 친척들한테 전화하는 것도 어려운 일이다. 목사님은 다행히 의식이 뚜렷해서 자꾸 서울로 가야 한다고 하셨다. 병원에서는 뇌 환자는 움직이면 죽을 수도 있다고 겁을 주었다. 환자의 말을 들어야 하나, 의사 말을 들어야 하나 고민스러웠다.

나는 결심을 하였다. 나는 주님의 종을 내조하는 사람이니 저이가 눈을 감을 때까지는 목사님 말씀을 들어야 할 것 같아 앰뷸런스를 부르기로 했다. 여태껏 나는 목사님의 말에 사사건건 반대와 야당 노릇만 해 왔다. 그래서 미안한 마음에 청개구리 우화처럼 순종하기로 했다. 그러나 내게는 당장 앰뷸런스 값을 지불할 돈도 없었다.

나는 할 수 없이 시댁 식구들한테 전화를 했다. 이런 일로 전화하는 게 부끄러웠다. 그래도 혈연이 좋은 것이었다. 성도들이 최선을 다해 얼마를 만들어 주었다. 그들도 우리처럼 아무것도 없었다. 돈이 있으면 벽돌을 사야 했고 그랬다.

지금의 자애 아빠가, 고맙게도 동행해 주었다. 의지가 되었다. 차가 서울로 달리는데 목사님은 헉헉거렸다. 자꾸 피는 나오고, 목이 마른 것 같았지만 피가 멈출 때까지는 어떤 음식도, 물도 금해야 한다고 그랬다. 나도 목이 탔다. 둘 다 물 한 방울도 안 마신 날이었다. 서울의 삼성의료원으로 가는 중이었는데, 이것도 믿음으로 가는 것이지, 과연 남편을 받아줄지도 의문이었다. 이춘직 목사님도 말씀하셨다. "뇌 환자는 움직이지 말라고 했는데…. 목사님이 길에서 돌아가시는 것이 아닌가?"

'지금이라도 군산으로 갈까?' 눈물이 쏟아졌다. 너무 고독했다. 그러고 있는데 누군가 눈 한 번 깜박이지 않고 아주 신중하게 들것의 머리맡에서 목사님을 주시하는 이가 보였다. '누구인가?' 지금 이렇게 어려운 상황 속에서 나보다 더 강하게 목사님을 주시하고 계신 분이 있었다.

"이스라엘을 지키시는 이는 졸지도 아니하시고 주무시지도 아니하시리로다. 여호와는 너를 지키시는 이시라. 여호와께서 네 오른쪽에서 네 그늘이 되시나니 낮의 해가 너를 상하게 하지 아니하며 밤의 달도 너를 해치지 아니하리로다. 여호와께서 너를 지켜 모든 환난을 면하게 하시며 또 네 영혼을 지키시리로다. 여호와께서 너의 출입을 지금부터 영원까지 지키시리로다."

시편 121편 4~8절 말씀이 강하게 인지되어 주님을 본 것이다. 그토록 복잡하던 마음에 참 평안이 흘렀다. 계속 말씀하셨다. "이 종의 삶과 죽음을 위하여 너무 근심하지 마라. 죽으면 내 품이고 살면 사명이다. 너는 주의 종을 돕는 사명자이니 정신을 차리고 네 본분만 다하라." 나는 마음의 인정을 찾고, "내게 강 같은 평화…." 찬송을 불렀다. 운전수와 명구 청년이 놀라는 것 같았다. 조금 전까지만 해도 부끄러운지도 모른 채 초신자 앞에서 눈물을 흘렸는데, 또 갑자기 찬송을 하니까 놀랐을 것이다.

서울 삼성의료원에 도착하니 순순히 받아주었다. 검진을 받았다. 머리도 수술해야 했고 턱도, 팔도, 눈도 그들이 하자는 대로 다 하자면 몇 년이 걸릴지 모르는 일이었다. 임영훈 목사님은 사랑이 많으신 분이었다. "수술비가 얼마나 들지 모르지만 내가 다 책임을 질 터이니, 머리는 될 수 있으면 수술하지 말고 마음 편히 먹고 치료하자."고 하셨다.

그러나 목사님은 병원에서도 오직 성전 건축만 생각하고 있었다. 성전 건축은 마귀와의 처절한 싸움이기 때문에, 목사님이 누워 있으니까 나에게도 공포가 밀려 왔다. 아무 수술도 안 받겠다고 버티는 목사님은 퉁퉁 붓고 정말 사람의 모습이 아니었다. 나는 사정을 했다. "제가 교회를 책임질 테니 마음껏 치료하세요." 하고 말했지만 막무가내였다. 나는 교회와 성도들이 염려되어 군산으로 내려왔다. 성도들은 동요됨 없이 기도하고 있었다.

공사하다가 변을 당한 그 자리는 현장 검증을 위해 피가 흥건히 고인 채 보전되어 있었다. 무섭기도 하여 나도 모르게 눈물이 흘러내렸다. 다시 성령님의 음성이 들려오는 것 같았다. 이천 년 전에 흘리신 주님의 보혈은 만민을 구속하셨고, 이곳에 흘린 피는 결국 교회를 완성시킬 것 같았다. 정말 이 사건으로 말미암아 업자가 건축을 포기하게 되었고, 결국 꿈에도 그리던 직영으로 성전을 완성하게 되었다.

14일 만에 목사님이 알아볼 수 없을 만큼 부은 얼굴로 팔에만 깁스를 하고 내려왔다. 사무엘이 무서워서 가까이 가지를 못했다. 집에 와서 돌아다녀도 겁이 났다. 의사가 이상한 발작 증세가 일어나면 구급차를 부르라고 했기 때문이었다. 잠도 오지 않았다.

밥을 씹지 못해 치과에 갔다. 의사가 깜짝 놀라며 반드시 수술을 해야 한다고 하면서, 원광대학병원에 있는 친구를 소개해 주었다. 교회에서 가까우니 목사님은 순순히 말을 들었다. 입과 팔을 붙들어 매고 15일 동안 빨대로 국물만 마셔야 했다. 의사 전달은 왼손으로 글을 써서 했다. 그리고 엑스레이로 팔을 찍어 보았는데, 수술을 해도 불구가 된다고 했다. 포기하고 집으로 돌아왔다. 다행히 머리는 수술을 하라고 않는 듯하여 감사했다.

신광교회 집사님이 정형외과를 하기에 붕대를 좀 풀어 볼까 해서 갔다. 그런데 차트를 보더니 "병원 중환자실에 있어야 될 분이 어찌 이리 돌아다니십니까?" 하며 놀라워했다. 사진을 찍고서 하는 말이, 엄지손가락 뼈가 썩었다고 했다. 그 말에 목사님도 충격을 받은 것 같았다. 삼성의료원, 원광대학병원, 군산의료원, 그리고 여기 정형외과에서 모두 같은 이야기를 했다. 하지만 군산의료원의 한 인턴이 엄지는 괜찮고 팔목만 부러졌다고 했다. 목사님과 나는 그 인턴의 말을 믿고 싶었다.

우리는 오늘 하루만 더 기도하고 한 군데 더 가서 결과를 보고 입원해야겠다고 결론을 내리고서 심난한 잠을 청했다. 새벽 4시쯤이었을 것이다. 나는 꿈을 꾸었다. 정처 없이 한 시간 반 거리의 시외버스를 타고 어디론가 가고 있었다. 차가 얼마만큼 가서 삐이익 하고 섰다. 그래서 보니 우리 교회 집사님이 앉아서 기다리며 하는 말이 "사모님, 여기가 병원이에요." 해서 "여기가 어디야?" 하는 순간, 차병길 집사님이 교회에서 인터폰으로 나를 깨웠다. 새벽기도를 내가 인도했기 때문에 항상 깨워 주었던 것이다. 나는 너무 아쉬웠다. 설교를 하면서 목사님에 대해 기도를 부탁하고는 "차 집사님, 조금 늦게 깨워 주시지요." 하며 웃었다.

이럴 때는 지푸라기라도 잡고 싶은 심정이다. 나는 들어와서 목사님께 이야기하며 웃었다. 그리고 또 잠을 청했다. 그런데 참 신기하게도 그 꿈이 또 이어지는 게 아닌가? 나는 "어머! 문 집사님 여기가 어디야?" 하고 물었다. 전북대병원이라고 했다. 그리고 머리가 하얀 노 교수와 옛날 시골 고가(古家)가 보이면서 기와집 담장 안에 붉은 꽃들이 촘촘히 심겨져 있는 것이 보였다. 꽃은 꽃인데 관상용이 아닌 것 같아 하고 쳐다보는데, 한약 냄새가 나는 것 같았다. 그리고 나는 꿈에서 깨고 말았다. "이게 뭘까요?" 하자, 목사님은 "꿈을 믿고 행동하는 것은 우스운 일이지만, 이치로 따져도 전북대병원은 가서 나쁠 게 없으니 가자."고 그랬다. 병원에 가는데, 차 안에서 일요 신문을 보게 되었다. 거기에 이.인우 씨가 홍화 꽃을 팔에 가득히 안고서 뼈에 좋은 것이라고 소개하는 광고가 있었다. 잇꽃이라고 한다고도 했다. 믿음이 가지 않았지만, 그 신문을 버리지 않고 가져갔다.

병원 밖에서 이 신문 위에 앉아 기다렸다. 목사님을 병원에 들여놓고 나는 정원에서 기도를 했다. 갑자기 기쁨이 충만해졌다. 그리고 갑자기 아까 보았던 홍화 꽃이 내가 오늘 새벽에 꿈에서 보았던 꽃과 흡사한 느낌이 들어서 다시 신문을 펴서 보았다. 사람의 뼈가 가루처럼 된 것도 붙는다는 선전이 웬일인지 오늘은 거슬리지가 않았다.

얼마나 지났을까. 아무리 기다려도 목사님은 나올 생각을 안 하였다. 걱정이 되어 진찰실로 가 보았다. 뼈가 썩는다고도 했으니까 혹시 수술실로 들어갔나 싶었다. 그런데 목사님은 싱글벙글 웃으며 엑스레이를 찍기 위해 붕대를 풀고 있었다. 붕대를 풀 줄 생각도 못했다. "웬일이에요?" 하고 물었더니, "여보, 당신 멋있는 침대를 사 주고서 매일 꿈을 꾸도록 해야겠어요. 글쎄 머리가 허연 노 교수가 나타나서 내가 기절할 뻔 했어요." 하는 게 아닌가? "그 교수님은 평생 팔과 손을 연구하고 치료한 분인데, 팔목은 부러졌지만 엄지는 절대로 부러지지 않았다는 거야." 하지만 삼성의료원이나 원광대학교에서 진찰한 것이라 조심스러워서 붕대를 풀고 다시 찍어 보자고 했단다.

얼마 후 사진이 나왔다. 확실히 부러지지 않았다고 했다. 그런데 다른 병원에서는 엉덩이뼈를 잘라서 붙여도 완치될 가능성이 희박하며 뼈가 썩었다는 오진이 나왔던 것이다. 팔목도 수술하지 말고 15일 후에 보자고 했다. 하마터면 성한 뼈를 잘라 내고 고생할 뻔 했다. 적어도 네 가지의 수술을 피하게 해 주셨다. 성령님은 모든 것을 통달하시는 영이심을 새삼 깨달아 감사드렸다.

그날 저녁이 수요일이라 교인들이 기뻐해 주었다. 목사님은 서서히 회복되어 가셨다. 그리고 홍화씨를 생강차에 타서 계속 복용한 뒤, 15일 만에 가서 사진을 찍어보았다. 그 사이 뼈에 있던 금이 사라져 머리가 허연 교수님이 놀랐다. 7주일 후에 다시 찍어 보자고 했으나 가지 않고, 그 손으로 3층 벽돌을 올려서 건축을 마무리하고 지금까지 건강하게 잘 지내고 있다.

홍화씨는 한약방에선 뼈하고는 아무 상관이 없고 월경 불순약이라고 했다. 그러나 요즘은 많은 사람들이 복용하고 있다. 의학적으로 홍화씨가 뼈를 튼튼하게 한다고 인정받았나 보다.

앞에서 이야기한 대로 목사님의 사고로 인해 교회 건축을 업자가 포기하였고, 대신 믿음의 사람들이 달려들어 적은 돈을 가지고 정성껏 마무리 지었다. 놀라운 것은 장판을 깔려고 114를 돌려서 시외 통화를 시도하면 최고로 믿음 좋은 사람들을 만나서 은혜롭게 일이 진행되었다.

이제 중요한 성물이 남았다. 서울 교회에 부탁할까 하였는데, 마음에서 허락하지 않았다. 기도하는데 우리 교인들이 하나씩 하게 되었다. 그 외에도 휘장이나 강대상에 얽힌 많은 사연들이 있다. 될 수 있으면 정결한 신앙인에게 하나님의 일을 맡기고 싶었다. 다윗은 금은보화가 많았지만 직접 성전을 짓지 못하였다.

부모님에 이끌려 저녁 합심 기도에 와서 우유를 먹으며 누워 있던 아이들이 자라 건축 찬송가를 불렀다. 건축하면서 임인기 장로님의 가정에서 사랑의 기도와 물질을 아끼지 않았다. 우리는 앰프를 하시라고 졸랐다. 마음씨 고운 내외분은 "허허허!" 하고 웃으셨다. 사실 말씀은 못 드렸지만, 후대에 말씀 잘 증거하는 주님의 종들이 많이 나올 것 같아서였다. 기름진 옥토는 하나님이 귀하게 쓰신다. 결국에 전혀 다른 전공을 하던 장로님의 자제가 감리교회 목회자가 되었다. 교회는 무사히 봉헌 예배를 드렸고, 평정을 찾아갔다.

13

사명자를 기를
선교원

추석날 사무엘과 함께

　새해가 되어 기도원에 가서 교인들과 합심 기도를 하게 되었다. 뜻밖에도 선교원을 하라는 응답이 왔다. 나는 자신도 없었고, 한 편으로는 싫었다. 한나의 아들 사무엘처럼 젖 뗀 후부터 성전 뜰에서 지혜, 명철, 찬양, 재주로 자라는 강한 아이들을 키우라는 응답이 왔다. 그 증거로 사무엘을 여기서 주었노라고, 부인할 수 없는 뜻이었다.

　앞으로 분명 어두운 시대가 다가올 것이기에 사명자를 키우라는 것이었다. "내 고통의 피 값을 증거할 사명자를 길러 내라고." 이어 강원도 교회에서 주신 말씀이 기억났다. "때가 되면 자녀를 주겠다."고 하신 것이 현재를 말하는 것인가?

　나는 기도 중에 선교원 원가를 지었다. 어린이 찬송가에 가사를 붙여서 불렀다. 기도하는 가운데 이런 마음도 들었다. 아이들 선생님으로 유치원 선생님이 아니라 엄마들을 써야 한다고. 운전수, 식당 선생님들 모두 새벽기도 하는 엄마들로 배치하였다.

엄마 배 속에서 열 달 동안 태반을 통해 태아가 성장했다면, 출산 이후 초등학교에 들어가기까지 역시 보이지 않는 태반, 곧 어머니를 통해서 모든 교육이 이루어져야 가장 안전하고 효율적이라는 생각이 들었다. 참으로 신선한 발상이었다.

어머니들이 직접 요리하고, 손잡고 등산하고 들을 뛰어다니며, 수와 한글을 가르쳤다. 처음 수를 가르칠 때는 아카시아 잎이나 나무 열매로 주고받으며 등산길에서 가르쳤다. 디모데는 항상 쥐며느리를 손에 가득히 잡아가지고 다녔다. 디모데라는 이름은 내가 지어 주었다. 디모데를 임신한 지 6개월쯤 되었을 때 저녁 성경공부 시간에 같이 합심하여 기도하는데 외가의 신앙을 이어 받아 디모데 같은 아이가 태어나리라는 확신이 왔다.

정말 외가의 신앙이 깊었다. 출산일이 가까워졌을 때, 마침 과천은파교회 김광덕 목사님이 우리 부부를 성지 순례 시켜 주셔서 나는 여행 가면서 아기 낳으면 '디모데'라고 이름 지으라고 부탁했다. 하늘을 나는 듯이 기쁜 마음으로 성지 순례를 하는 와중에, 어느 날 밤에 호텔에서 잠을 자는데 꿈에 디모데라는 이름을 놓고 막 화를 내며 "우리 가문의 이름을 따야지." 하는 호통 소리가 크게 들려왔다. 일정을 마치고 왔는데 마침 디모데 할아버지가 우리 짐을 받으러 오셔서 함께 식사를 했다. 산모가 잘생긴 남자 아이를 낳았다고 했다. 성지 순례 때 있었던 꿈 이야기를 했더니, 갑자기 디모데 할아버지가 얼굴이 벌개져서는 밖으로 나가셨다. 이야기인즉, 할아버지께서 디모데는 집 짓는 데 일하며 고생하는 사람이라고 펄쩍 뛰셨단다. '아니에요. 할아버지, 앞으로 시대가 점점 세속화되어 가고 영성이 메마르고 어두워지는 때에 꼭 성경에 나오는 디모데처럼 세계 선교에 쓰임받는 인물로 키우세요.' 하고 마음속으로 기도했다.

음악 교육은 내가 맡았다. 나중에 박 선생님이 와서 도와주었다. 그 까다로운 바이올린도 어머니들을 통해서 교육이 가능함을 보고 나는 확신했다. 그렇다. 어머니를 통해서 받는 교육이 아이의 정서에도 상처를 주지 않고 뇌의 기능도 더욱 활성화시킨다. 많은 엄마들이 학원 교육에만 아이들을 내맡겨 정작 아이들에게 중요한 교육을 놓치고 있으면서, 좋은 집과 자가용을 사기 위해 갖은 애를 쓰는 것을 보면 안타깝기만 하다. 타 교회들은 교회 성장을 위해 다양한 프로그램들을 진행하고 있었지만, 우리는 아랑곳하지 않았다.

사람을 제대로 키우는 것보다 중요한 일이 어디 있겠는가? 나는 성경 말씀을 모션으로 만들어서 수없이 암송하게 하였다. 말씀을 암송하지 않은 아이는 간식도 못 먹게 하였다. 아이들은 신명나게 놀고 찬송을 부르며 말씀을 재미있게 외웠다. 3살 먹은 아이들도 한겨울 눈 덮인 산을 어른들보다 더 잘 올라갔다. 목사님은 아이들에게 먹일 토마토, 고구마를 심으셨고, 교인들은 국산 콩으로 두부를 직접 만들어 주었다. 어머니 선생님들은 힘든 일을 감당하는 와중에도 하루에 한 번씩 기도하지 않으면 교사 자격이 정지되었다. 이러다 보니 교회 외적인 성장은 꿈도 꿀 수 없었다. 누구든지 한 번쯤은 할 수 있는 생각, '나는 참 괜찮은 사람인데, 세상이 나를 알아주지 않는구나!' 하고 좌절도 했다.

어머니가 직장 생활을 하는 아이들은 정서가 불안한 경우가 많다. 물질로 교육이 해결되리라 믿는 부모들이 안타깝다. 내용은 없어도 눈에 보이는 시설이 좋고 젊은 선생님들이 있는 곳에는 물질도, 사람도 들끓었다.

나는 이렇게 기도했다. "구별된 아이들을 키우는 작은 선지 학교를 주셔요. 파란 청기와에 붉은 벽돌로 지은 아담한 집, 그리고 온돌방에다 앉은뱅이책상들을 나란히 놓은 교실이요. 작은 연못이 있고 사과나무, 대추나무, 밤나무, 무화과나무, 석류나무, 감나무가 우거지고 다람쥐가 뛰노는 곳이어야 해요. 유기농 고구마밭과 채소밭, 두부 만드는 공장이 있어 늘 따뜻한 순두부, 콩나물을 직접 길러 먹을 수 있도록 땅을 주세요. 세상의 지식과 재능을 배우기 전에 먼저 창조주 하나님을 배우는, 이 시대의 영적인 모태를 감당할 장소로요."

우리 선교원에서는 중국과 러시아 선교의 문을 열 아이들이 자라고 있었고, 나와 우리 교회는 건축에 대한 큰 짐을 벗고 평정을 찾아갔다. 그런 어느 날, 내 시야에 먼지가 뽀얗게 앉은 바이올린이 들어왔고, 나는 절로 한숨이 쉬어졌다. '차라리 음악을 많이 듣기나 할 걸.' 하는 후회가 밀려왔다.

그런데 그때 우리 집 통장에 처음으로 돈이 이백만 원이나 모아져 있었다. 목사님은 돈이 있으면 어디든지 꼭 써야 된다. 나를 보고 살림 못 한다고 하지만, 목사님은 이십 년 동안 돈이 생기면 어디든지 다 써버렸다. 그리고 누리는 복을 받았다고 한다. 아니나 다를까, 그 돈을 어디에 쓸 것인가 생각해 보더니, 갑자기 뜬금없이 바이올린을 사 주겠다고 한다. 어느덧 결혼해서 이십 년이나 흘렀다. 그 기념으로 사 준다고 했지만, 나는 별로 반갑지가 않았다. 바이올린은 하면 할수록 어렵다고 느꼈기 때문이다.

그때 나는 갑자기 박장환 선생님이 생각났다. 그분의 도움을 받으면 좋은 악기를 살 수 있을 것 같았다. 그러다가 목사님이 하모니음악사에서 사무엘의 바이올린을 사 왔는데, 박 선생님이 인천시향에 계시다고 하니 나에게 전화를 해서 부탁하라는 것이었다. 반가웠지만 15년 동안 아무 안부도 없이 살았는데 어떻게 갑자기 그런 부탁을 하냐며, 대구에서 사든지 아니면 그냥 말자고 했다. 그러자 불같은 목사님은 얼굴도 모르는 분한테 전화를 걸어서, 선생님으로 하여금 이곳까지 달려오게 만들었다. 예수님이 죽은 나사로를 불러내는 것처럼 무엇이든지 하고자 하면 한다. 막상 나는 선생님께 미안했다. 그분도 '내가 여기에 왜 왔지?' 하는 것 같았다.

지금은 고속철이 뚫렸지만, 그 당시 선생님은 길을 몰라서 무려 13시간이나 걸려 오셨다. 나중에 별명을 '피노키오 아저씨'라고 붙여 드린 악기사 사장님과 같이 오셔서, 나는 건축이 끝난 후 좋은 악기를 선물을 받을 수 있었다. 박 선생님께서 내 악기를 가지고 그 옛날 하모니음악사에서 들었던 '성자의 귀한 몸 날 위하여'를 다시 연주해 주셨는데, 꼭 15년 만에 다시 듣게 된 찬양을 감상하면서 '참 신기한 인연이구나!' 하고 생각했다.

1월 초순에 박 선생님이 다치셨다는 연락이 왔다. 우리는 병문안차 선생님 댁을 방문했다. 목사님은 선생님의 두 아들에게 '성자의 귀한 몸 날 위하여' 찬송을 수도 없이 부르게 했고, 나는 기도했다. 이 가문에 진실로 성자 예수를 사랑하는 훌륭한 사명받은 목사님과 사모들이 많이 일어나게 해 주시고, 또 그 빛을 받아 훌륭한 음악인들이 일어나길 기도했다.

박 선생님은 붕대를 감은 채 "내가 본래는 사명자요." 하고 소경 바디메오처럼 고백하셨다. 목사님은 영원을 놓고 볼 때 후회할 일이 아니라고 하면서, 교파에 연연하지 말고 신학을 하면 편하게 길을 인도하실 것이라고 말했다. 영성이 강하고 분명한 사명이 있다고 보는 것 같았다. 목사님은 이 부부가 목회하길 바라고 있었다.

이처럼 남편은 남 키워 주는 것을 사명으로 아는 목회자다. 과천 은파교회 건축할 때도 추석날인지도 모르고 올라가서 김광덕 목사님 머리를 바짝 깎아 가지고 다니면서 울산으로 어디로 교회 짓는 일을 도우러 다녔다. 김광덕 목사님은 참 순수하신 분이시다. 본인의 사례비를 교회 사찰과 부목사님과 똑같이 받으시고, 선교를 참 많이 하신다. 교회 건축을 하고 나서는 담임 목사직을 부목사님에게 내어드리고 선교를 위해 정신없이 다니셨다.

한국 교회가 많이 성장한 것이 사실이고, 그 중심에 서서 열정을 다 바친 목사님들이 어느새 은퇴하실 시기가 되었다. 그 일꾼

밭에서 새로운 종들이 나와, 계속 진정한 선교의 꽃을 피웠으면 한다.

사무엘이 자라면서 우리 부부에게는 어려운 일이 많았다. 하루는 교회 안 다니는 아줌마한테서 항의가 들어 왔다. 사무엘이 자기네 집을 불사른다고 해서 아이들뿐만 아니라 자기도 떨린다고 그랬다. 나도 가슴이 떨렸다. 떨리는 마음으로 물어보니, 텔레비전에서 본 로켓을 불사르는 흉내를 내며 그런 집은 열 개라도 불사를 수 있다고 "슈우웅 슝쑝!" 하며 재미있게 뛰어다니는 것이 아닌가. 나는 그 아이에게 너무 굴레를 씌우지 않기로 했다. 사무엘은 우리 부부가 싸움한 것도 교인들한테 선전하고 다녔다. 우리는 하나님보다 이런 사무엘이 더 무서웠다.

다른 아이보다 말이 더뎌지는 것을 놓고 걱정했을 때가 좋았다. 박 선생님을 만나서 나는 다시 바이올린을 부지런히 연습했지만, 잘못된 습관으로 인해 비브라토고 뭐고 하나도 발전이 없었다. 선생님께 마냥 죄송했다. 그런데 사무엘은 꽤 잘 적응하는 것 같았다. 사무엘은 아이들한테 인기가 좋았는데, 인천으로 레슨받으러 다니기가 지루해지자 다른 아이들을 설득하기 시작했다. 성은이를 비롯해서 박 선생님 부인을 만나면 신기한 크레파스를 준다고 했다. 한술 더 떠서 피노키오 아저씨한테 이야기해서 악기를 사

주겠으며 레슨은 자기가 하겠다고 했단다.

크리스마스 이브 날에 사무엘이 연주하기로 했는데 혼자서는 절대로 안 하겠다고 떼를 써서 내가 처음으로 함께 연주해 주었다. 이것이 계기가 되어 처음에는 장난스럽게 이야기하던 어머니들이 진심으로 자신의 자녀들이 레슨받기를 원했다. 나는 할 수 없이 피노키오 아저씨 전화번호를 주고 악기를 사게 했다. 대학생 한 명을 강사로 쓰려고 했지만 조건이 잘 맞지가 않아, 결국 하는 수 없이 내가 레슨을 맡게 되었다. '이 아이들이 자라서 하나님을 찬송하는 아이들이 된다면 얼마나 좋을까?' 하고 생각하니 위안이 되었다.

한편 우리는 불이 난 덕신교회 건축을 위해 기도하고 있었다. 우리가 젊음을 바쳐서 헌신했던 교회에서 불이 난 것이다. 화재가 발생했을 당시 즉시 달려가 보았더니, 그 사이에 정들었던 많은 성도들이 어디론가 가 버리거나 또는 병을 이기지 못해 대부분 주님의 품에 안긴 상태였다. 망향정에서 바다를 내려다보는데 마음이 아려왔다. 작년에 건축 헌금을 전해 주었지만, 올해에 교회가 더 어려워진 느낌이었다. 우상과 슬픔이 가득한 그곳에 교회가 바로 세워지기 기도할 뿐이다.

우리 목사님의 영향으로 상색교회도 잘 지어졌고, 그 뒤로 여러 교회들이 건축하는 데 목사님을 필요로 했다. 목사님이 건축하다가 떨어진 후로, 많은 교회에서 집회를 하면 꼭 교회가 새롭게 지어졌다. 헌금도 있고 역사도 깊은 교회가 있었는데, 건축 문제에서 합의가 이루어지지 않아 불화가 계속 되고 있었다. 그런데 그 교회에 우리 목사님이 하루 가셔서 집회를 인도하자 별 탈 없이 교회가 지어졌다.

또 우리는 앞으로 공산권 세계에 교회들이 많이 건축되기를 위해서도 기도한다. 헌신된 물질들을 통해 교회들을 세우고, 그 교회들을 통해 사탄의 권세를 기도로 물리치는 선교가 계속 이루어지기를 바랄 뿐이다. 미신의 땅도 어렵지만, 무신론주의 국가도 만만치 않을 것이다. 우상은 몰아내면 되지만, 무신론주의는 어찌 손을 쓰기가 더 어렵다고 생각한다.

다행히 중국인들은 영성이 강한 민족이다. 그 넓은 땅을 복음화하기 위해서도 기도한다. 하나님의 일꾼들을 기도로 길러 내며, 사명을 분별하면서 주시는 선교 물질로 이 날 끝까지 열심히 선교하기 위하여 우리는 날마다 기도하고 또 기도한다.

1999년 3월, 사무엘이 초등학교에 들어갔다. 선교원 때처럼 아들과 자주 등산을 했다. 봄에는 철쭉과 진달래가 봄 잔치를 하고, 5월에는 푸른 옷으로 갈아입은 숲과 아카시아, 찔레꽃 향기가 아찔할 정도로 짙었다. 가을에는 이 나무 저 나무 가지 위에서 단풍 잔치가 벌어지고 발밑에서는 낙엽 잔치가 야단이다. 가을 산은 잔칫집같이 시끄러웠다. 겨울에는 옷 벗은 나무가 더없이 진실해 보이고, 설경이 절로 신명나게 했다. 대자연 속에는 하나님의 신비한 영성이 항상 숨겨져 있다.

일월 동장군

오늘! 웬일일까?
숨차게 올라온 칼바람 이는 산언덕이
오월보다 더 아름다운 꿈속이다.
향기로운 꽃내음이 물신 풍기는 언덕에
나를 털썩 주저앉게 했지.
메마른 나뭇가지마다 푸름이 죽죽 벗어 나가고
꽃망울 망울들이 손을 쑥쑥 든다.
이야! 푸른 생명의 오월에 언덕이다!
메마른 나무 가지에 파란 생명이 숨어 있다.
일월 동장군의 언덕이 오늘은
오월보다 더한 훈풍에 넋을 잃고 만다.

육중한 몸을 이끌고 언덕을 오르느냐고 헉헉 대는 목사님 소리에
나는 벌떡 일어나 칼바람 이는 산언덕을 뛰어내렸다.
아마 내 모습 보았다면
"여보 정신 차례! 이젠 무슨 말이든지 다 들어줄게." 하고 말했겠지.
오월의 신부인 꽃(may of flower)보다 일월 동장군이
더 향기 있다고 말하면 누가 믿어 줄까?

정말 어렵고 힘들 때 자연은 우리에게 진실한 믿음을 준다. 한 겨울 메마른 풀처럼 춥고 고독한 때에도 소망을 품을 수 있는 것은, 생명의 주님이 우리의 뿌리가 되어 주시기 때문이다. 오월의 신부가 될 때까지 인내하며 기다려야 한다.

겨울동산

산북초등학교 2-1반 이사무엘

낙엽을 밟으면 바삭 바삭
언 눈을 밟으면 사각 사각
재미있는 등산길
어머니는 어느새 언덕 위에
아빠는 힘이 들어 헉! 헉!

베어낸 나무 나이테를 세어 본다.

어? 열세 살! 나보다 형님이네.

막대기로 나무를 톡톡 치니

놀란 굴뚝새 떼가 높이 날아간다.

사무엘아, 어머니가 어렸을 때와 시골 목회는 신비 그 자체였단다. 많은 큰 교회를 이루진 못했지만, 순박하고 가난한 성도, 그리고 병든 노인들과 상처 입은 자들과 대자연 속에서 행복한 목회를 하였단다.

14

하늘 문을 여는
사람들

우리 집 가을 꽃밭

　노인들의 임종은 많은 것을 깨닫게 해 주었단다. 하나님의 계획하심과 사람의 생각과는 많은 차이가 있음을 알게 되었다. 세상에서 또는 교회에서 별로 눈에 띄지 않던 나사로 같은 사람들이 상당히 존귀하게 임종하는 모습을 보면서, 외모를 보지 않고 심령을 관찰하시는 하나님 앞에서 우리는 겸손해야 한다는 사실을 깨달았다.

　또 어떤 분은 세상에서 우러러 보던 분인데 뜻밖에 천국에서는 작은 자라는 느낌이 올 때도 있었다. 성도의 임종은 천국의 향취를 이 땅에서 가장 가깝게 맛볼 수 있는 기회다. 터질 것 같은 빛들의 세계가 열리면서 불편한 삶에 옥죄어진 육체를 해방시키는 순간, 온 영혼을 녹여 내는 주님의 사랑이 피 묻은 손으로 싸안으시는 거룩한 시간인 것이다.

암으로 그야말로 죽을 고생을 하던 임귀화 성도님의 임종을 지켜보다가 자칫 춤을 출 뻔했다. 고독하고 불쌍한 영혼을 위로하는 거룩한 기쁨이 흘러넘쳤기 때문이었다. 6·25의 쓰라린 상혼과 가난을 짊어지고 살았던 고독한 가장으로, 교회 건축에 최고의 오병이어(五炳二漁)를 드린 가정이었다. 임 성도가 암으로 고생한 지는 일 년이 넘었다. 이제는 병원에서 퇴원해서 물만 넘기기를 여러 날 지났는데도, 하늘로 돌아가지 못하고 있었다.

토요일이었다. 급한 전화 연락을 받고서 집으로 찾아가 목사님과 예배를 드리고 한참 찬송을 불렀다. 목사님은 주일 준비를 위해 집으로 돌아가면서 가족들에게 돈을 주며 고기를 사다가 식사하라며 위로하고 갔다. 굶고 있었던 식구들은 나를 믿고서 밥을 차려 먹었다. 그동안 나는 찬송하고 기도하며 환자를 보살폈다. 찬송하는 중에 갑자기 할아버지에게서 "이제 이생에서 가장 사랑했던 아내와 자녀와 단절되는 외로움과 함께, 그러나 짐은 가볍고 행복하니 잘 떠나가겠다."는 말이 들리는 것 같았다. 순간 나는 밥을 열심히 먹고 있던 큰딸을 보고 "영숙아, 네가 좋아하는 찬송가를 불러드려라." 하고 말했다. 그랬더니 영숙이는 "사모님이 하세요." 하며 밥을 계속 먹었다. 나는 급하게 "저 좋은 낙원 이르니 내

기쁨 한이 없어라. 이 세상 좋은 일기가 화창한 봄날 되도다."를 불렀다. 어디서부터 기쁨이 찾아오는지 옆의 문혜숙 권사도 덩달아 기쁘게 따라 마지막 절을 불렀다. 그 순간 하늘 문이 열리면서 너무나 다정하고 따뜻한 "어서 오너라." 하는 느낌이 들었다. 그 영혼을 싸안는 순간 세상의 고생과 수고, 죽음의 고독은 봄눈 녹듯이 사라지면서 하늘 문이 닫히는 게 아닌가! 그 흥취와 기쁨이 너무 큰 나머지 눈을 감고 있다가 눈을 떠 보니 누워 계신 할아버지가 숨을 쉬시지 않는 것 같았다. 동생 할머니에게 "할아버지가 숨을 거두신 것 같아요." 했더니, 식사하시다가 숟가락을 놓고 "아이고, 오빠!" 하고 통곡하셨다.

짧은 순간에 일어난 일이었다. 나는 놀래서 "할머니, 우실 일이 아니에요." 하고 간증을 했더니, 모두 침착하게 기쁨으로 장사를 지냈다. 살아생전 일이다. 부흥회 시간에 강사 목사님이 "왜 교회에 다닙니까?" 하고 물으셨는데 아무도 대답 못하고 있었다. 그런데 평소 소심하던 그가 갑자기 큰 소리로 "천당 가려고 믿습니다." 해서 모두가 놀랐던 적이 있다.

내 아버지 장례식 때도 큰 기쁨이 있었다. 시편 127편 3절 "자식들은 여호와의 기업이요 태의 열매는 그의 상급(賞給)이로다." 기쁨의 말이 주어지며 나사로와 같던 우리 아버지의 영혼이 "나 같은 죄인이 구원받는 것도 감사한데 웬 상급이냐!"고 소리치시는 것 같았다. 유언을 남기셨는데, 소유 중에서 구 교회 터를 이이규 목사에게 주어 하나님의 일을 하겠다고, 엎드려서 써 주셨다.

내가 먼저 가서 기다린다고 하셨다. 그리고 형제간에 전화를 자주 하라고 하시며, 집에서 세례를 받으셨다. 강직한 아버지는 병원에서 수술하고 약 먹으며 사는 것은 인생이 아니라며 조용히 시골집에서 자연스럽게 가기를 원하셨는데, 69세에 어머니가 새벽기도 하는 가운데 가셨다. 자녀가 바르게 사는 것도 부모의 상급일 것이다.

나는 또 안세창 성도의 임종을 잊을 수가 없다. 안 성도님이 위중하게 되자 미국에서 딸이 왔다. 아버지의 임종을 보고 가고 싶어서 비자를 연기하면서까지 기다렸으나, 안 성도님은 가실 듯하면서 계속 생명을 이어가셨다. 우리 아버지처럼 누워서 세례를 받으셨기에 그 가정에서 자주 예배를 드렸다. 사랑하는 딸이 아버지의 임종을 보고 가기 위해 기도했지만, 며칠 뒤 그 딸로부터 아버지의 임종을 못 보고 가게 됐다며 전화가 왔다. 그런데 비행기가 뜨자마자 할아버지가 정말 임종하실 것 같다고 며느리에게서 전화가 왔다. 가서 한참 찬송을 부르는데 목사님이 또 가실 것 같지 않다고 생각하였는지, 설교한 뒤 집에 가자는 듯 나보고 기도를 하라고 하였다. 사람이 낳고 가는 시간은 온전히 하나님의 주관임이 분명하다. 기도하는데 갑자기 방언이 되면서 요한계시록 22장 1절에 "또 그가 수정 같이 맑은 생명수의 강을 내게 보이니" 하며 통역이 되었다. 순간 목사님이 내 무릎을 만졌다. 절제하라는 것이었다.

순간 눈을 떠 보니 환자가 감탄하며 웃는 것 같았다. 성령에 이끌려서 계속 계시록 22장 1~4절까지의 말씀을 방언 통역하면서 기도하였다. 기도가 끝나서 "아멘." 하는 순간, 신기하게도 할아버지는 효부 임 권사님의 손을 잡고 하나님 품에 안겼다. 참으로 눈 깜짝할 순간에 일어난 일이었다.

왜 딸이 미국 들어가는 날 하나님의 부름을 받았는지, 그 이유를 알 것 같았다. 할아버지는 자신의 아내가 무당이었기 때문에, 복음을 영접하는 일에 늘 마음이 흔들렸을 것이다. 그러나 딸이 미국으로 돌아가면서 마지막으로 "아버지, 꼭 예수님 영접하셔서 우리 천국에서 만나요." 하고 눈물 흘리며 말했을 때 할아버지는 구원을 받아들이셨던 것이다. 우리는 결코 기도의 응답이 없다고 낙심하지 말아야 한다. 자녀들이 부모의 임종과 구원을 위해서 기도하는 것은 참된 효도다.

강원도 교회에서 이런 일도 있었다. 차가운 바람과 진눈깨비가 날리는 토요일 오후, 옆 교회 교인이 불신자 노인을 업고 병원에서 모시고 왔다. 의사가 다시는 깨어날 수 없는 뇌환자이니 집에 가서 임종하라고 했다는 것이었다. 그러면서 자녀들이 아버지의 구원을 놓고 기도 많이 했는데 너무 기가 막혀서 우리 목사님 보고 기도해 달라는 것이다. 일 좋아하는 목사님이 나의 압력에도 불구하고, 그 노인을 그것도 안방에다 뉘여 놓고 기도했다. 나는 노인의 보호자를 불러 당신네 교회로 가라고 했더니, 우리 교회는 교인이 너무 많아서 안 된다고 고집을 부렸다.

시골 동네가 떠나가도록 기도하며 일어나라고 기도했다. 나는 '병원도, 의사도 다 하나님이 내신 것인데, 의사가 안 되면 안 되는 것으로 알지 억지를 부린다고 될 일이냐' 고 속으로 소리를 질러댔다. 눈치가 내일이 주일인데도 안 보낼 것 같았다. 나는 결심을 하고 안으로 들어갔다. 내가 들어가니 더 큰 소리로 죽은 "나사로를 일으키신 주님, 이 아들의 정신을 돌아오게 해 주십시오." 하고 기도하는데, 정말 거짓말같이 잠만 자던 노인이 눈을 번쩍 뜨고는 두리번거리며 무언가를 찾기 시작했다. 그리고 놀랍게도 호주머니를 뒤지며 라이터를 찾아냈다. "왜 그러시냐?"고 물으니까, 담배를 한 대 피우고 싶단다. 사람이 무의식에서 깨어나면 자기가 제일 좋아하는 것을 찾고 부른다는데, 이 할아버지는 담배였던 것이다.

그러자 목사님이 청천벽력같이 소리를 질렀다. "지금 담배 먹을 때가 아닙니다! 예수님 영접 안 하시면 지옥 갑니다." 하며 복음을 전하고 사도신경을 따라 하게 했다. 그리고 사랑방에 불을 넣고 그 방에서 누워 있게 하였다. 그 사이 자손들이 다 달려와서 유언을 듣고 주일 새벽에 집으로 모시고 갔는데, 집에서 편히 천국으로 가셨다며 자손들이 크게 기뻐하였다.

군산에서도 이와 비슷한 뇌환자 임종이 있었는데, 그는 아리랑 아파트에 살며 학교 소사 일을 하는 사람이었다. 의사가 다시는 못 깨어나니 집에 가서 임종하라고 했단다. 목사님이 나의 눈치를 보며 일어나라고 소리소리 지르며 기도한 후 깨어났다. 친척들이 우르르 달려 왔다. 친지들이 다 모인 자리에서 화장실도 가고 말도 하고 성경 말씀도 따라 하더니 다시 잠들려고 했다. 그 부인이 울면서 손을 잡으니 뿌리치고 대신 목사님 손을 꼭 잡고 하늘나라로 돌아가는 것도 보았다.

마지막으로 우리 시아버지의 임종 시에도 큰 은혜가 있었다. 연세가 많으시다 보니 항상 기도하고 있었다. 몇 번을 임종하신다고 해서 형제들이 모였다가 흩어졌다. 2010년 2월 2일 새벽 2시에 따르릉 전화가 왔다. 아버님이 정말 임종하실 것 같으니 빨리 오라고 했다.

목사님은 2층 본당에 올라가서 기도하고 내려와서는 잠깐 눈 붙였다가 떠난다고 하며 자리에 누웠다. 그런데 내 생각에 채 1분도 지나지 않아, 나는 남편에게 "여보, 나 이게 뭐야? 아버지의 다섯 손가락 안에 청심환 다섯 개가 보여." 했다. 바로 어머니께 전화하여 "아버지에게 청심환이 있으면 드리세요." 하고 말씀드렸다. 조금 후에 소식 오길, 다시 일어나셨으니 오지 말라고 했다.

마침 겨울방학이 되어 러시아에서 유학하던 사무엘이 집에 왔기에 함께 가평 부모님 댁에 갔다. 청심환 다섯 개를 사다 드렸다. 사무엘이 할아버지를 일으켜 드리는데, 문득 마지막이라는 생각이 들었다. '그래, 네 효도를 받으려고 방학 중에 가시나 보다.' 우리 집안에서는 손자 손녀 가운데 네 명이 유학중이었다. 나도 처음으로 죽을 떠드리는데 마지막이라는 생각이 들었다. 이렇게라도 기회를 주심은 나중에 마음 덜 아파하라는 배려인가 싶었다. "나는 나쁜 며느리입니다." 하고 용서를 빌었다.

그리고 웬일인지 5개월 또는 5일이 생명의 날이라는 생각이 들었다. 우리가 다녀온 뒤로, 마지막으로 자손들도 보시고 본 교회 목사님도 와서 반갑게 악수도 하셨다고 들었다. 정말 하나님은 5일 동안 생명의 날을 연장하셨다. 그로부터 딱 5일째 되는 날 천국으로 부름받으셨다.

하나님은 성도의 죽음을 기뻐하시며, 아무리 시골에 있는 노인이라 할지라도 아무 때나 가는 게 아니라 다 하나님이 섭리 속에서 생명을 주장하신다는 사실을 깨닫게 해 주셨다. 하나님은 우리를 고아처럼 버리지 않으시며, 아무도 따라갈 수 없는 죽음의 터널에서 더 큰 사랑으로 우리를 지키고 보호하고 헤아리고 계시다는 사실을 느끼며 감사드렸다. 더불어 한사랑교회와 중국 선교에 기초를 놓고 가신 고 이창직 장로님께도 감사의 마음이 들었다.

영계는 하나님에 질서 하에 있으며, 천국은 인간의 궁극적인 조국이다. 우리 인간은 영원불멸의 존재로 창조되었다. 성도에게는 죽음이란 없고, 죽음은 땅에서 천국으로 이사하는 과정인 것이다. 죽음은 전혀 공포의 대상이 아니며, 하나님은 마치 어머니의 배 속에서 아이가 태어날 때 온갖 준비와 혈연들이 손꼽아 기다리는 것처럼 준비 있게 데려가신다.

섬에서, 깊은 산골에서, 그리고 어촌에서 하나님이 주신 아름다운 자연과 순수한 성도들을 뒤로 하고 나는 중국이라는 험한 땅을 밟게 되었다.

15

임금님 귀는
당나귀 귀
- 중국 견학기

중국 천진 기독교회의 성만찬

　하나님은 중국의 복음화를 위해서 중국 땅에 200만 명의 조선
족을 미리 심어 놓으셨다. 이들은 만주로부터 동북 산성으로 퍼져
나가면서 고달픈 삶을 살았다. 복음은 항상 힘없고 가난하고 병든
자들을 통해서 시작되었던 것처럼, 이들도 말할 수 없는 고난 속
에서 복음을 받았다. 조선족 지도자 최○○ 목사님의 말씀에 따르
면, 천진 땅에서 최고로 많은 순교자가 나왔는데, 무려 4만3천 명
이었다고 한다. "순교자의 피는 교회의 초석이 된다."는 터툴리안
의 말을 따라서 북경의 관문인 천진 땅에 현재 많은 조선족 교회
들이 세워졌다.

　조선족들이 거주하던 흑룡강성과 동북산성 등에는 선교사들이
교회 건물들을 세웠으나, 도시 이동과 한국으로의 이주로 인해 비

어 있는 교회도 많다고 한다. 바벨탑처럼 인간의 건물은 하루가 다르게 올라가는데, 거리에서 좀처럼 교회의 모습을 찾아보기 어려웠다. 하나님의 교회가 아직 어둠 속에 있는 것이다.

구로에 나가보면 100년이 넘은 교회 하나가 금방 쓰러져 내릴 듯이 서 있어서 깊은 아픔을 느꼈다. '신애세인(神愛世人)', 하나님은 인간을 사랑하신다는 팻말에서 절절히 이 민족을 사랑하시는 하나님의 큰사랑이 전해와 가슴이 저려왔다. 나라에서 지정한 삼자교회(중국기독교 삼자애국운동위원회의 약칭)에서 성만찬을 받은 적이 있는데, 무더운 날씨임에도 불구하고 긴팔 옷을 입고 경건하게 성만찬을 받는 모습에 큰 감동을 받았다.

지하교회들 대부분이 수요일과 주일에 호텔을 빌려 쓰고, 좀 형편이 나은 교회는 상가 건물을 예배실로 사용하였다. 복음의 열정이 뜨겁게 일어나면서도 한편으로 평신도뿐만 아니라 지도자들까지도 사명이 흔들리고 있었다. 한국 이주로 인해 교인이 절반이나 줄었고, 사글세 때문에 엄청 고초를 겪고 있었다. 그래도 교포 교회 안에 중국인 교회가 신설되는 것은 너무나 큰 열매이기에 더 지켜봐야 한다. 주변 전도사님의 말에 따르면, 앞으로 30년 후에는 조선족 교회가 문을 닫을 것 같다고 한다. 이 일을 한국 교회들이 깊이 주시해야 한다고 생각한다. 조선족 교회가 무너지면 중국

복음화의 길은 더욱 멀어질 것이라고 느끼기 때문이다.

우리는 많은 조선족들의 한국으로의 이주로 인해 교회와 가정이 파탄되고 있는 상황에서 무작정 조선족 2세들에게 한국말을 가르치지 않기로 했다. 내 말을 통역해 주시는 분은 초등학교 선생님이었는데, 통역에 있어 어느 정도 인정을 받는 분이었다. 그럼에도 중국어로 설교하는 것은 자신이 없다고 했다. 중국말은 그만큼 어렵다. 교수들도 편지를 쓸 때 옥편을 찾을 정도라고 한다. 주로 여자 분들이 통역 사역을 많이 하고 있는데, 문 집사님은 우리 아이들의 한어 교사를 담당하였다. 그런데 약간 이단성이 있는 성경 교육을 받은 것 같아서 지도를 받았다.

나는 중국 험한 땅에서 지도자를 발굴할 수 있도록 유학 센터를 통해 하나님이 적극 도와주시리라 믿었다. 그랬더니 한없는 평안이 밀려 왔다. 우리는 중국을 복음화시키기 위해서 아이들을 키워야 하고, 조선족 교회를 튼튼하게 하며, 지도자들의 생활을 안정시켜 주어야 한다. 현재 사역중인 조선족 지도자들이 언어 훈련을 더 받아서 교회 안에 중국 교회를 겸할 수 있도록 해야 한다. 그래서 우리는 만날 때마다 한국이나 미국 갈 생각하지 말고 중국어를 더 열심히 공부하라고 당부한다. 하루속히 중국 본토 한족 지하 신학교를 많이 만들어서 중국 지하교회의 잘못된 교리와 신비주

의와 이단의 세력을 막아 내야 한다.

생각보다 많은 한족 성도들이 아파트 등 여러 모양으로 무리지어서 방치되어 있다. 조선족 또는 중국 지도자 가운데는 훌륭하고 존경스러운 이들이 많다. 그들에겐 더 이상 교육이 아니라 많은 물질 지원이 필요함을 느낀다. 아이들 유학 센터를 중심으로 현지 지도자를 발굴해서 중국 교회 지도자로 키우고 있다.

신기하게도 유학 센터에 중국어 선생님으로, 식당 아줌마로, 때로는 아이들 성경 선생님으로 적합한 사명자를 보내 주셔서 안전하게 일을 하게 되었다. 사무엘의 피아노 선생님이셨던 엄〇〇 집사님은 지금 50여 명의 교인을 이끄는 지도자가 되셨다. 그는 피아노 강사로 돈을 많이 벌었는데, 강직하고 진실하고 깨끗한 사람이라 목사님이 목회를 권하였다. 쉽게 대답을 못하였다. 맡고 있는 레슨이 너무 많다고 했다. 그래서 우리 유학원 아이들의 성경 공부를 담당하는 자리를 내주었더니, 한 달이 지날 때쯤 갑자기 허리 디스크가 와서 하던 일을 모두 포기해야 하는 지경에 이르렀다. 그 부인이 찾아와서는 우리를 만나서 그렇게 된 것이 아니냐며 의문을 제기했고, 그 말이 나에게도 시험이 되었다. 우리는 그를 위하여 뜨겁게 기도하였다. 그 결과 일 년이 지났을 때 그는 장모가 하던 교회를 물려받아 전문 사역자가 되었다. 아직까지 병이 완쾌되지 않았지만, 나는 그에게 "하나님의 영광을 위한 병이니 너무 염려하지 마세요."라고 했다. "피아노 레슨하면서 많이 벌었을 때나 지금이나 밥 세 끼 먹는 것은 같지 않느냐?"고 물으니, 그렇다고 하며 웃었다.

나는 처음 그를 위해 기도할 때 마음이 매우 무거웠다. 왜냐하면 그의 장모가 한국에서 좀 문제가 되는 신앙을 가지고 있어서 엄 전도사님에게 하루빨리 그 교회가 물려지길 원했는데 그 기도가 응답되었다. 그는 내가 부끄러울 만큼 성경도 많이 읽고 암송도 하며 열성적이고 강직한 신앙의 소유자다. 이러다가 중국 교회 지도자들보다 한국의 목사님들이 뒤지지 않을까 염려도 한다. 첫 사랑에 불이 붙었다.

엄 전도사님이 자기 갈 길을 가게 되자, 이〇〇 집사님이 성경 강사로 들어왔다. 이들 부부는 동북 산성의 지하교회 지도자였는데, 지금은 도시로 나와 살 길이 막막해서 남편이 주일도 못 지키고 있었다. 그러나 한눈에 보아도 재목이 좋았다. 이들 부부도 자신들의 삶에서 좋은 열매를 맺을 수 있도록 기도하고 있었다.

현재 활발하게 활동하는 조선족 교회의 모 목사님은 5년 전 평신도였을 때 아파트 지하에 숨어서 인도하였다. 카이바치에 있는 청룡 궁에서 목사님이 함께 예배를 드리려고 했지만, 재정 부족으로 뜻을 이루지 못했다. 처음에 지도자가 되라고 했을 때 심히 갈등을 했다. 사업하는 여성이었지만, 결국 베드로처럼 사람을 낚는 어부가 되어 한국에서 목사 안수를 받았다. 나는 그이에게 "아기가 열 달이 되어서도 엄마 배 속에서 안 나오면 아기도 위험하고 산모도 위험합니다." 하고 말했다. 이는 교회를 위해서나 본인을 위해서 전문적인 교육을 받고 사역하라는 말이었는데, 처음에는 듣기 싫어했다. 중국에 발을 들이고서 처음 조선족 지도자에게 한 말이었다.

수많은 사람들 속에서 찾아 헤매지 않아도 하나님은 적절한 때에 알맞은 사명자를 데려다 주셨다. 김욱이라는 청년은 몸이 무척 약한 청년이었는데, 우리 아이들을 맡아서 3년 동안 설교하다가 지금은 건강해져 조선족 교회의 전도사 사역을 하고 있다. 앞으로 한국에 가서 신학대학원을 졸업할 수 있기를 기도하고 있다. 중국 교인들은 아직까지 헌금을 할 줄 모르기 때문에, 교회가 안정될 때까지는 전도사님을 뒷바라지해 주어야 한다.

우리 사역자들은 그 흔한 주석 책 한 질 없이 100명의 양떼를 이끌고 있다. 따라서 한국에서 책도 많이 보내주어야 한다. 인쇄물의 자유가 없어 마음대로 찍을 수도 없다. 2년 전만 해도 피아노도 없어 고생했으나, 지금은 많이 좋아져 가고 있다. 이처럼 발전하는 모습을 보는 일은 큰 기쁨이다. 가평의 김명자 권사님은 이름도 빛도 없이 천진 선교의 밑거름이 되어 주셨다. 하늘의 상급이 땅의 후손에게 축복으로 분명 갚아 주실 것이다. 힘들 때마다 다 들어주시고, 빚을 얻어서까지 조선족 교회의 사글세를 해결해 주셨으며, 또 피아노와 성경책도 사 주셨다. 사진이라도 한 장 달라고 해도 안 주셨다. 이런 것을 보면 도회지 사람보다 산 사람들의 심성이 더 깊은 것 같다.

시골 어촌에서 목회하다가 군산에서 개척하였고, 개척하자마자 곧바로 교회를 건축하게 되었는데 그 사이 모인 교인들이 대부분 초신자들이다보니 그 당시 교회에는 선교할 재정력이 없었다. 목사님은 안식년을 맞아 자비량 선교를 결심하였고, 가평 시댁 부모님께서 이천만 원을 해 주셨다.

선교의 축복으로 한산 이씨 가문 자손들 가운데 큰 인물이 일어나길 기도한다. 이창직 장로님, 정신애 권사님이 이 믿음을 버리지 않기를 기도한다. 록펠러는 교회를 4,926개를 지었다고 한다. 후손들도 이 믿음을 버리지 말고 귀하게 여겼으면 한다. 가문의 축복은 물려받기 때문이다. 아브라함이 이삭에게, 이삭이 야곱에게 물려주지 않았는가!

고려 오페라 단장이면서 군산대 교수였던 고(故) 김수길 장로님의 권유로, 목사님은 2003년 아들을 데리고 천진으로 돈키호테처럼 떠났다. 아이들을 키우는 것보다 더 중요한 선교는 없다는 말에 공감했다. 지금은 구르마와 벤츠가 같이 굴러다니는 나라지만, 앞으로 미국이 제일 두려워하는 강대국이 될 중국! 우리는 그곳의 종교 분야가 죽어 있으므로 사무엘이 그 나라 말을 배워서 말씀으로 정치·경제·문화·예술에 영향을 주기를 바라는 꿈을 가지고 바이올린을 들고서 천인호라는 배를 탔다.

사무엘은 처음에는 여행하는 기분으로 가놓고 며칠이 지나자 자벌레가 뛰는 것처럼 고통스러워했다. 친구들이 생기니 가라앉았다. 후에 유학 온 친구들에게 "눈물이 나오면 참지 말고 눈물이 마를 때까지 울어야 괜찮지, 울다가 말면 안 된다."고 선배로서 조언도 하였다.

배에서 따이공(보따리장수)들과 예배를 드리고, 그 따이공들의 도움을 받아 몰래 성경 100권과 테이프 등을 들여갔다. 후에 주석 운반도 그들의 도움을 받았다. 이 배는 24시간 동안 운행하는데, 날씨가 안 좋은 날은 멀미가 심했다. 마음이 약해질 때마다 보따리장사들의 모습을 보면서 강하게 마음먹었고, 배에서 예배를 드릴 때 조선족들을 보면 강해졌다. 조선족 사람들이 눈물을 철철 흘리며 예배를 드리기에 예배가 끝난 뒤 "얼마나 신앙생활을 했느냐?"고 물어보았더니, 뜻밖에 오늘 처음 예배에 참석한 것이라고 했다. 흑룡강과 연길에서 천진까지 꼬박 이틀 동안 기차로 와서 이 배를 탔단다. 아침에 네다섯 살 된 자녀들에게 까까 사 가지고 오겠다고 뽀뽀하고는 5년 계약으로 단체로 한국에 가는 길이란다. "얼마 받고 일할 것이냐?"고 물어보았더니, 50만 원이란다. 5년 전의 일이다.

많은 조선족들이 연변이나 동북 산성에 가족을 두고 고향을 떠나와서는 피눈물 흘리며 돈을 벌고 있었고, 한국에도 이런 식으로 많이 나갔다. 나는 그런 조선족들을 바라보면서 복잡한 생각에 잠겼다. 가난해도 식구끼리는 함께 살아야 하는데, 과연 그 아이들이 잘 클까? 그러한 선택이 진정 아이들에게 좋은 것일까? 정말 행복을 위한 일일까? 고린도전서 말씀에 기도하는 시간 외에는 부부간에 분방하지 말라고 했는데, 많은 조선족 가정이 그 일로 인해 산산조각 나고 있었다. 게임에 중독된 아이들도 있고, 깡패 일을 하는 것도 목격했다. 과연 조선족에게 한국이란 어떠한 나라며 어떤 의미가 있는 곳인가? 조선족 교회도 한국으로의 이주로 많이 무너지고 있다.

나는 한국에서도 이단에 빠지거나 또는 인생의 상처가 많은 서민들과 함께 목회를 했는데, 여기서 본 조선족들의 힘겨움은 말로 표현할 수가 없을 정도였다. 이러한 점들이 한편으론 나를 더욱 강하게 연단시켰다. '그래, 저들은 배를 타기까지 48시간을 달려와서 또 배 안에서 24시간을 고생하는데…' 하는 생각을 하면 그때부터 뱃멀미가 사라졌다. 그래서 초상집에 가서 배우라고 하지 않았는가!

처음에는 모 지하교회를 중심으로 선교를 펼쳐 나가며, 카이바치에 있는 두이지아호텔에서 한국 기업인들과 함께 예배를 드렸다. 호텔에 내는 한 달 사글세가 백삼십만 원이었는데, 3성급 호텔이기에 공안들의 허락을 받을 수 있었다. 이 호텔은 공산당 간부회의가 열릴 만큼 넓고 아름다웠다. 족제비, 너구리, 다람쥐, 고슴도치와 각종 새들이 숲 속을 날아다녔다.

한국인 가정들은 통역 겸 가정부인 조선족 아이(阿姨 : 아주머니란 뜻)를 데리고 주일 예배에 참석했는데, 그 아이(阿姨)들은 남편이 직장도 없이 술과 도박을 일삼아 그것을 견디지 못해 도망 나온 불쌍한 여성들이 대부분이었다. 중국인도 아니고 한국 사람도 아닌 조선족의 아픔이 다시금 진하게 느껴졌다. 하루는 두이지아 호텔에서 11시 예배를 드리는데 갑자기 굉음과 함께 따발총 쏘는 소리가 들려와 설교를 중단하였다. 나는 갑작스런 일에 '영영히 한국을 못 가고 죽는가 보다.' 했다. 5분쯤 예배를 중단하고 있는데, 장로님이 귀띔해 주었다. 호텔에서 결혼식이 있는데, '귀신은 물러가고 신랑신부는 행복해라'는 뜻에서 폭죽을 터트리는 것이라고 했다. 이제 설교를 계속해도 된다고 해서 하기는 했는데, 정신이 없어 횡설수설하고 마쳤다. '아니, 그 기쁜 날 무슨 폭죽을 전쟁을 방불케 할 정도로 터뜨리는 것일까?' 하는 마음이 들었다.

그 후에 길 가다가 그러한 모습을 자주 보게 되었는데 결혼식장뿐만 아니라 장례식장, 사업장, 생일에도 요란하게 터뜨렸고, 특히 구정 명절 때에는 잠을 잘 수가 없을 정도로 온 마을마다 했다. 폭죽을 한 달 생활비만큼 쏘는 사람도 있단다.

예배 처소가 있던 호텔은 10만 평 대지 위에 오래된 고목과 과일나무, 잔디, 방갈호 등이 환상적으로 배치된 아름다운 곳이었다. 5월에 장미밭을 돌아볼 때는 사무엘이 롤러블레이드를 타고 다닐 만큼 넓었다. 한국에서 보지 못한 장미 색깔들과 향기가 내 마음을 설레게 했다. 목사님은 한국에 가시고 내가 김태식 장로님의 도움을 받아 심방을 다녔다. 기업하는 사람들이 예배 때 눈물을 많이 흘리는 걸 보면서, 남의 나라에서 산다는 것이 얼마나 뼈 아픈 고생인지를 알았다. 땅이 얼마나 넓은지, 한 가정 심방하는 데 하루 종일 걸렸다.

나 역시 그 탐스런 과일들과 꽃들을 보면서도, 한국의 사택 문

옆에 심어 놓은 장미 한 그루가 더 그리웠다. 그럴 때마다 "내가 그리스도와 함께 십자가에 못 박혔나니…" 찬송을 부르며, '이 땅에서 4만3천 명의 신자들이 주의 이름을 부르다가 혹은 가족을 그리워하다 순교했다는데, 그에 비하면 선교사인 나는 감사하며 일해야 하는 것 아닌가!' 하고 회개하였다.

나는 목사님의 권유로 통신신학을 하였다. 바쁘지 않으면 정식 신학을 하고 싶었지만 그럴 시간이 없었다. 원하던 바는 아니었지만 선교를 위해서 장로교단에서 목사안수를 받았다. 아무생각 없이 목사안수식을 바라보던 나는 중국에서 찾아온 조선족 전도사님의 어머니가 제일 먼저 "목사님!" 하고 꽃다발을 주자 갑자기 울음이 터졌다. 나는 지하교회 목사인 것이다. 한국에서도 중국에서도 조심스러운…. 우리 교인 외에 누가 알아볼까 근심스러워 잠도 오지 않았다. 나는 영원히 사모로 남고 싶기 때문이다.

사무엘은 조그마한 시골 학교에 다녔다. 교회 사역에는 아낌이 없었지만, 사무엘에 대해서는 아무 배려도 없었다. 국제 학교라는 데가 있는 모양인데, 퇴학해서 온 아이를 졸업장도 없는 일반 학교에 넣었다. 남자 교장선생님은 젊은데도 불구하고 손톱 하나를 3센티가 넘게 기르고, 교장실의 둥그런 통 안에는 더러운 걸레가 가득해 한국식으로 말하면 소사실인줄 알았다. 쉬는 시간마다 귀

청 터지게 산소통을
치는 학교에 넣었다.

그러나 아이들이나
선생님들의 분위기는
우리나라 50년 전의
시골 인심 그대로, 얼
어붙은 우리 마음을
녹이기에 충분했다.

천진 화샤초등학교 학생들과 사무엘. 목에 맨 붉은 리본
은 혁명가들의 피를 상징한다. 사무엘은 이 리본을 매기
를 원치 않았다.

아이들은 쉬는 시간마다 고무줄놀이, 제기차기놀이를 했다. 가난
은 사람의 심성을 곱게 만드는 것일까? 눈망울이 맑은 아이들이
우르르 몰려와서는 "사무엘(撒母耳)이란 이름을 누가 지어 주었느
냐?"고 물었다. 아빠가 지었다고 하니 탄성들을 질렀다. 중국말로
'아이를 낳았다'는 뜻이 신기한 모양이었다. 그래서 이름을 사무
엘 한어 선생님이 李森悅(이삼열) '리썬위에'로 바꾸었다. 그로부
터 얼마 뒤에 선교지를 이동하게 되어 좀 더 교육 환경이 좋은 화
샤초등학교로 전학하였다.

류명자라는 조선족 가이드는 연변대학을 나온 사람으로, 사무
엘의 한어 공부를 잘 가르쳤다. 사무엘이 한국 친구를 너무 그리
워했는데, 마침 현이가 유학 오게 되어 웃음을 되찾았다. 하루는

교회의 피아노 조율을 하였는데, 갑자기 나는 말도 통하지 않는 중국인 조율사를 보는 순간 그 사람 안에 큰 음악이 흐르고 있음을 느꼈다. 마침 바이올린 레슨 때문에 선생을 구하고 있었는데, 무작정 그 조율사에게 바이올린 선생을 구하고 있다고 했다. 그러자 그는 자기는 피아노를 전공한 사람이고, 대신 주변에 천진대 교수들을 알고 있으니 소개해 주겠다고 했다. 그리고 유자력(柳自力) 교수를 소개받았다.

그 교수는 많은 한국 사람들이 레슨비가 싸기 때문에 전공 안 할 사람도 유학 온다며, 자기에게 레슨받기에는 거리도 멀고 그러니 학생을 소개시켜 주려느냐고 물었다. 순간 많은 갈등을 느꼈다. '중국에 온 이상 중국어를 전공해야 되지 않을까?' 싶었다. 그리고 한편으로 음악에 대해 서글픈 마음이 들었다. 그러나 나는 "전공하려고 합니다." 하며 교수에게 레슨을 부탁했다. 유자력 교수는 많은 학생들이 자기를 거쳐서 유럽으로 유학 갔다고 했다. 집에 찾아갔을 때 교수는 호두죽을 쑤다가 앞치마를 두르고 나왔는데, 문학적이고 부드러우면서도 중국 대국의 사람다운 깊이가 있어 보였다. 정서적으로도 사무엘에게 좋으리라 여겨져 맡기기로 결정하였다. 사무엘을 위해서 기도할 때마다 내가 잊지 않고 기도하는 것이 있는데, 바로 "좋은 선생님을 주세요."였다.

예전 한국에서 목회할 때, 하루는 건축 헌금이 모자라서 금식하며 사무엘을 업고 교회 터에서 기도하는데 갑자기 사무엘 교육 적금이라도 만들어 주려고 모아놓은 패물이 생각났다. 늦게 애를 낳았다고 백일에 선물 받은 것이었다. 사무엘을 세계를 돌며 공부하게 해 주겠다는 뜻이 전해져 왔다. 전부터 목사님이 팔아서 쓰자고 그랬는데 내가 고집을 부렸었다. 만민을 구속할 교회 짓는 일에 쓰이는 물질만큼 귀중한 것이 없겠다 싶어서 수요일에 강단에 올려놓았는데 목사님이 조용히 가지고 내려왔다. 마음이 아파서 그랬다고 했다. '웬일로 그런 생각도 다 했는가!' 싶었다. 목사님은 지금도 그 어떤 저금도 하지 않는다. 자신은 누리고 쓰는 복을 받았단다. 나는 진심으로 기쁘게 드린 것이라고 말하고서, 주일에 돌, 백일 패물을 모두 드렸다. 그 믿음대로 하나님은 언제나 사무엘 교육을 책임져 주셨다.

한국 초등학교에서 2년이 지난 후 교육 정책이 바뀌어서 정성껏 서류를 복구시켜 졸업식을 하게 되었다. 어린 사무엘이지만, 애국가를 들으면 가슴이 막 뛴다고 했다. 이 점 하나만으로도 엄마로서 보람을 느낀다. 외국에 나가서 살면 다 애국자가 된다고 하는데, 어린아이도 예외가 아닌가 보다. 그리고 중학교는 난카이국제학교에 다니게 되었다. 최금자 가이드가 애를 써 주어서 아주 저

렴한 값에 학교를 다닐 수 있게 되었다.

고(故) 김수길 교수 부부가 중국 교회 선교로 들어갔다가 사무엘을 예중에 넣고 왔다. 나는 너무 고민스러웠다. 마음 편한 대로 하자면 '중국어를 전공하면 좋을 텐데…, 음악을 어설프게 하면 안되는데….' 하는 바람이 들었다. 기도하는데 '주어지는 환경에 늘 감사하자!' 는 마음이 들었다. 하나님의 생각은 참으로 높고 높아, 사람의 생각으로는 이해가 불가능하거나 불안할 때가 많다. 모세의 어머니를 생각해 보았다. 얼마나 아들을 부모의 따뜻한 품에서 키우기를 원했을까? 그러나 하나님은 그를 갈대 상자에 담은 채 나일강으로 흘러가게 하신다. 그분이 큰손으로 키우시기 시작한 것이다. 모세의 어머니는 가슴이 타서 갈라지는 가운데서도 언약의 약속을 굳게 붙들었을 것이다.

나는 가끔씩 알 수 없는 힘이 사무엘을 이끌고 가는 것 같은 느낌을 받는다. 모세는 어려서는 애굽의 언어와 학술로 무장했고, 후에는 광야에서 언약의 하나님의 손길 속에서 겸손을 배우고 양떼를 인도하며 천천히 걷는 법을 배웠을 것이다. 애굽까지의 과정이 훌륭한 인물로 만들어지는 훈련의 시간이었다면, 광야에서는 하나님이 쓰시기에 적합한 사람으로 만들어지는 과정이었다. 그리고 하나님은 모세를 이스라엘의 해방자로 그 언약을 이루어 가셨다.

세상의 모든 부모들은 자기 자식이 누구보다 훌륭해지기를 바란다. 우리 신앙인들은 자신의 자녀들이 하나님의 손에 이끌리어 나일강에 띄워지고 광야로 나아갈 때 오직 기도하며 그분의 하시는 일을 지켜보는 인내심을 가져야 한다. 나 역시 '사무엘은 앞으로 얼마나 더 많은 과정을 겪어야 하나?' 하는 염려가 들었다. 음악을 할 것 같았으면 중국으로 안 왔을 텐데, 환경은 자꾸 음악 쪽으로 흘러가고 있었기 때문이다. 자신도 갈등이 되는지 중국어도 음악도 열심이 없는 것처럼 보여 무진장 걱정이 되었다.

또 부모들이 한 번씩 느끼는 갈등이 내게도 찾아왔다. 나에게도 세상 사람들처럼 어떤 학과가 가장 인기가 좋고 어떤 직장이 안정적이면서 사회적 지위도 보장받을 수 있는지 계산할 수 있는 능력이 있다. 그 어떤 일도 잘 해 낼 수 있다고 보지만, 알 수 없는 힘이 사무엘을 중국으로 데리고 왔고, 그리고 음악의 길로 인도하고 있다. 단 한 번도 네가 좋아하는 일이 무엇이냐고 물어보지 않았다. 그러나 하나님을 사랑하는 일에 쓰임 받는 것은 절대로 후회할 일이 아니라고 생각한다. 목사님은 무조건 바이올린은 찬송을 위해서고, 중국어는 선교를 위해서라고 흔들림이 없는데, 나는 가끔씩 소위 말해 세속적인 생각도 했다.

같은 노력이라도 중국에서 더 많은 열매를 보기에 위로를 받는다. 그러나 선교는 무한히 퍼부어도 눈에 보이는 것이 별로 없어서 인내를 요구한다. 돈키호테 뒤에서 산초가 울고 있다는 것을 왜 사람들이 모를까? 돌아가는 물레방아도 돈키호테가 적이라며 쳐부수라고 하면 쳐부숴야 했고, 식당 주인을 보고 위대한 공주님이라고 하면 절을 해야 했다. 그러다 보니 산초는 성할 날이 없었다. 목사님이 중국 천진에서 일을 벌여 놓고 오면, 그 뒷일과 고통은 내 몫이었다. 그러다 보니 대단히 강해졌을 뿐만 아니라 어느새 중국을 사랑하는 사람이 되어 해야 할 일들이 눈에 쏙쏙 들어왔다.

영성이 강한 중국의 성도들이 목자의 보호를 받지 못한 채 무리로 모여서 예배를 드리는 곳이 참으로 많다. 소망이 있는 것은, 아직까지 중국 물가가 싸다는 점이다. 조선족을 대상으로 한 신학교는 활발하게 운영되고 있지만, 본토 중국인들을 키우는 신학교는 인구수에 비해 아직까지 많이 미흡하다고 본다.

기독교 역사를 보면, 복음은 어느 순간에도 묶이지 않고 언제나 흐르고 있었다. 진리는 로마의 카타콤에서도 300년 동안 쉬지 않고 성장했으며, 로마는 그 생명력 앞에 손을 들었다.

목사님이 나와 사무엘을 공안에게 쫓기게 만들어 다시 한국에 와야 하는 상황이 됐을 때, 우리가 싸워야 할 것은 마귀가 아니라 이이규 목사라고 생각했다. 사무엘은 한국에서 초등학교를 퇴학 시켜서 데리고 갔기 때문에 한국에 다시 올 수도 없었다. 개척 교회에서 무슨 선교를 하느냐고 주위 분들이 야단이어서, 누구한테 도 하소연할 수 없었다. 중국 공안들에게 표적이 되었을 때, 목사 님이 만들어 놓은 강단 위에서 기도도 못하고 이리저리 기어 다니 고 있었다. 화가 나서 전화로 목사님을 괴롭히다 보니, 목사님의 눈에 이상이 오고 급기야 수술을 하게 되는 등 상황이 말도 아니 었다.

목사님이 교포와 한국인들이 보는 광장지에 최초로 대담하게도 '○○교회'라고 광고를 낸 것이 화근이었다. 중국 종교 공안에서 난리가 난 것이다. '어떤 사람이 인사 한번 없이 이렇게 담대할 수 있는가?' 하는 괘씸죄에 걸린 것이었다. 그 당시에 한국인 기업인 들을 중심으로 한 제법 큰 한인 교회들이 많았는데, 그 교회들도 겨우 '○○기독 모임' 이렇게 광고를 내던 시절이었다.

한편 한인 교회 목사님들로부터 감리교단에서 큰 세력을 갖고 온 교회인가 싶어 전화가 왔다. "거기가 어디입니까? 감리교단 후 원으로 만든 곳인가요?" 나는 모기만한 소리로 "아파트요." 그랬 다. 그 목사님은 순간 할 말을 잃었다. 그럼 공안에게 허락받았느냐고 해서 "꼭 허락을 받아야 되나요?" 했더니, 미친 사람인가 싶었는지 인사도 없이 찰칵 전화를 끊었다. 나는 그때부터 엄습해 오는 심한 공포감에 떨어야만 했다.

목사님이 한국에 있는 게 그나마 다행이었지만, 나는 그 어떤 보호망도 없었다. 그때만 해도 호텔이 3성급이 아니면 한국 예배를 허락하지 않았다. 그리고 신고를 해야 했는데 우리는 전혀 신경을 쓰지 않았던 것이다. 이는 그야말로 돈키호테의 법이었다.

그 당시 아파트에서 비밀리에 1층은 교회, 2층은 사택으로 만들어 놓고 중국 대학생들에게 통역을 통해 성경 공부를 시키고 주일 낮에는 조선족, 한국인, 미국인, 중국 대학생 예배를 드리고 있었다.

우리는 그때 돈이 다 떨어져서 호텔에서 아파트로 이사를 왔다. 그 다음날, 중국 종교 공안들이 간 큰 돈키호테를 찾아왔다. 힘도 없고 약한 나를 무슨 거물급을 발견한 듯이 6명이 찾아와 벨을 울렸다. 긍휼과 자비심을 조금도 찾아볼 수 없는 눈과 음성으로, 십자가와 피아노를 보며 "교회 맞지?" 하고 물어왔다. 나는 모기만 한 목소리로 "교회 맞습니다." 하고 대답했다. 실로 우리 주님의 몸 된 교회를 대국의 나라에서 서로 인정하는 참으로 영광스러운 순간이기도 했지만, 큰 공권력 앞에서 사무엘과 나는 마음이 한도

끝도 없이 졸아들었다. 오직 하나님만 의지가 되었다. 다행히 목사님이 공예 사장 신분이었기에 시간을 벌 수 있었다.

몰래 이사에 이사를 하였고, 이제는 몰래 무엇을 한다는 것이 생활이 되어 때로 너무 익숙한 모습에 스스로 놀라기도 한다. 그런데 이러한 쫓기는 생활에서도 우리 하나님은 내게 한없는 평안을 주셨다. 그 바람에 한인 교회 목사님들이 용기를 얻어, 공안국과의 협상을 통해 기독 모임이라는 이름을 교회라고 승격시키는 계기를 마련하였다. 그 후로는 광장지에 한인 기독교 모임이 '○○교회'로 광고가 나갔다.

이제 중국에는 얼음이 서서히 풀리면서 봄이 오려 하고 있다. 이런 때일수록 너무 소극적이어도, 또 너무 적극적인 것도 아닌 조심스럽게 흐름을 파악하면서 성령님께 의지해 복음을 세워 가야 한다.

중국은 13억이 넘는 인구를 자랑한다. '불과 얼마 전까지만 해도 우리 민족도 얼마나 가난하고 병들은 사람들이 많았나?' 하고 생각한다. 조선족 교회에 사글세가 밀리면, 이이규 목사님은 울며 기도했다. 그러면 꼭 바라는 것들이 생겼고, 누군가가 피아노도 사 주었다. 조선족 목사님이 "이게 정말 우리 피아노란 말입니까?" 하며 너무 좋아하실 때 부끄러운 생각이 들었다. 그 전까지

헌 피아노를 월세를 내며 빌려 쓰고 있었다.

우리나라는 얼마나 많이 선교사들의 도움을 받았는가? 젊은 선교사들이 삶의 평안함과 안일을 다 버리고 이 땅에 와서 교육과 의술로 선교하다가, 할 일을 다 못다 이루었을 때에는 자신의 나라에 "젊은이들이여, 조선으로 오고 또 오라!"고 편지를 썼다고 한다.

공산권이 무너지면서 이제 중국이란 나라는 지리적으로나 경제·문화적으로 우리나라와 밀접한 관계를 가질 수밖에 없는데, 아직도 우리나라 일부 사람들은 '조선족 중국놈' 그러니 한심한 생각이 든다. 그리고 한국에서 우리를 생각해 준다는 마음에서였겠지만, "교회나 부흥시키지 거기서 무슨 고생이냐?" 하는 이들이 많았다. 그래도 유학이 무엇인지 모르는 우리 교인들은 선교지에 아이들을 파송해 주었다. 블랙리스트에 올랐던 ㅇㅇㅇ공예는 소멸시켜 버리고, 해맑은 웃음이 넘치는 유학 센터를 세웠다. 사무엘선교원이 뿌리가 되어 유학원을 세우게 된 것이다. 이는 중국 선교의 든든한 밑거름이 되었다. 차세대를 키우는 것만큼 중요한 선교는 없다. 유학원의 학생들 가운데 중문과를 졸업한 후, 한국에서 신학을 전공할 학생이 있다.

목사님의 여동생인 이찬희 집사와 그 남편 최성영 집사가 위기 때마다 큰 힘이 되어 주었다. 나는 우리 힘 자라는 만큼만 하고 외부의 도움을 받지 말자고 하며 화를 내면서 목사님과 많이 다투었다.

지난번 한국에서 목사님한테는 처음으로 원형수 목사님에게 협력이 왔는데, 그것

사무엘 유학원 원가

이은숙 선교사 작사

1. 사--무-엘 유-학-원 한 사랑교회
2. 축복받-은 유-학-원 즐 거운동산

하나님-이 지어주-신 선 물의나라
하나님-이 지어주-신 선 물의나라

지혜명 철 찬양재 주 자 라나는 집
아시아 의 등불되 어 복 음 전하는

사-무-엘 유-학-원 주 님의동산
사-무-엘 유-학-원 주 님의동산

을 받고 무척 기뻐하는 모습을 보았다. 돈키호테를 따라 다니던 산초는 무서운 것도 없어졌다. "임금님 귀는 당나귀 귀!" 하고 갈대를 향해서 외치는 이발사처럼, 나도 외쳐 보았다.

본 대로 들은 대로, 우리의 선교 지역은 물론 공기도 나쁘고 산도 없고 강은 오염되어 가는 곳마다 악취가 났다. 하지만 중국 대륙에는 사람도 많고 그만큼 할 일도 많다. 13억이라는 천하보다 귀한 영혼들이 살고 있다. 전 세계에 많은 선교 지역들이 있지만, 나는 중국이 선교의 황금어장이라고 생각한다.

조선족 교회는 사글세와 교역자 생활을 안정시켜야 하고, 중국 본토 선교를 위해서는 조선족 교회 지도자의 중국 언어 훈련을 강화시켜야 한다. 그리고 조선족 교회 안에 중국 교회를 활성화시켜야 하며, 조선족 학교를 세워서 한국어가 다음 세대로 이어지게 해야 한다. 조선족 2세들이 부모가 한국으로 일하러 가는 바람에 언어를 잃어버리고 정체성도 잃어버리고 있는 것은 안타까운 일이다.

그런데 더 안타까운 현실은, 18세 이하에게 종교 활동을 하는 것을 엄격하게 금하고 있어 교회학교는 손도 못 대고 있다는 사실이다. 안타까운 마음에 감리교에서 발행하는 교재들을 이것저것 날라다 주지만 걱정이다. 조선족과 조선족 교회를 보호해야 한다.

군산중앙교회에 시무하시는 김길식 목사님께서 큰 힘으로 후원을 아끼지 않고 계시다. 또 고려오페라 단장이면서 군산대 성악과 교수였던 고(故) 김수길 장로님이 암 투병과 더불어 그동안 중국 선교에 큰 이바지를 하셨다.

김 장로님은 눈이 많이 내린 어느 겨울에, 오페라 안중근의 공연 자금이 6억이나 모자라는 것이 근심되어 잠을 못 이루다가 새벽기도에 나오기 시작했다. 같이 마음을 합하여 기도하였고, 결국 성황리에 잘 끝나게 되었다. 그러나 하루는 찾아 와서 공연 후 법적인 문제가 생겼다며 텔레비전에서나 본 일이 내게 일어날 것 같다고 낙심하며 초조해하였다. 아파트에서 아래를 내려다보며 여기서 떨어지면 불구자가 될 것 같고 더 올라가서 떨어져야겠다는 생각을 했다는 말에, 우리 부부는 깜짝 놀랐다. 우리는 새벽에 함께 기도하자고 했다. 그러자 장로님은 성악 하는 사람이라 아침 일찍 무리하면 안 된다고 하면서도 그 다음날 새벽에 나왔다. 마치 큰 독수리 한 마리가 날개를 다쳐서 우리 교회에 들어와 앉아 있는 듯한 묘한 느낌이 들었다. 음악만 하던 분이라서 그런가, 너무 어린아이 같이 무너져 내렸다. 자기 결백을 위해서는 죽어야 한다는 것이 그분의 생각이었다. 우리가 아는 그분은 청빈한 사람으로, 연립주택에서 살면서 아파트나 자가용에 투자하며 사는 사람은 어리석다고 말하는 것을 들은 적이 있다.

이럴 때 목회자의 마음은 괴로워 기도할 수밖에 없다. 우리 부부는 괴로움을 느끼며 금식 기도를 하고 있었는데, 서울에서 장로님으로부터 전화가 왔다. 지금 검찰청에 들어가는 길이라고 했다. 둘이 예배를 드리는데, 갑자기 내 머릿속에 요셉이 감옥에 있을 때 만났던 떡 굽는 관원장과 술 만드는 관원장 이야기가 생각났다. 그리고 김 장로님이 술 만드는 관원장이 회복된 것처럼 교수직도, 명예도 곧 회복되리라는 신기한 뜻이 전해 왔다. 목사님께 말씀드렸더니, 목사님이 장로님께 전화를 걸어 용기를 갖고서 문제를 차근차근 풀어 가면 모든 것이 다 잘 해결될 것이라고 했다. 그러자 장로님은 용기백배하여 미국에 있는 김길준 시장 등 여러 사람에게 탄원서를 내고 증인을 찾고 해서 그 어려운 문제가 잘 해결되었다. 준비하던 유관순 오페라도 잘 마무리되어 한숨을 돌렸다.

그리고 늦게나마 대학 총장 선거에도 출마했는데 아주 근소한 차이로 탈락하였다. 하지만 충분히 명예 회복을 했다며 기뻐하였다. 기도하는 가운데 그가 이제는 세상일보다 영적인 일로 바쁠 것 같다는 느낌이 왔다. 그리고 목사님 환상에 그가 가끔씩 흰 봉투를 가져다 목사님을 드리는 걸 보았다고 했다.

우리가 울진 덕신교회에 불이 나 기도도 하고 수련회도 할 겸 떠나면서 새벽기도회를 부탁했더니, 자기는 음악 외에 설교는 한 번도 해 보지 않았다고 하며 극구 사양했다. 하지만 우리는 억지로 맡기고 갔다. 왜냐하면 그분에게는 교인들 앞에서 설교하기에 충분한 위엄이 있었기 때문이다. 이것이 계기가 되어 그 후로 수많은 교회에서 간증을 하고 찬양을 하게 되었고, 그 사례비를 모두 중국 선교비로 드려 하늘나라의 상급을 쌓았다. 미국 LA 복음방송과 한국 기독교 텔레비전 등 다양한 곳에서 간증했다.

어느 날, 내가 중국에서 돌아와 간증을 하기로 한 새벽에 김 장로님이 교회에 제일 먼저 도착해 계셨다. 그런데 갑자기 장로님이 특별한 연단에 들어가리라는 느낌이 왔다. 새벽에 장로님을 기도 시키고서 예배 후에 같이 포도를 먹는데, "요즘 이상하게 소화 기능이 떨어지고 기분이 그다지 좋지 않아요." 하고 말씀하셨다. 그러면서도 워낙 식성이 좋으신 분이라 포도 한 송이를 다 드셨다. 목사님과 나는 "병원에 한번 가 보세요." 했다. 며칠 뒤 우리는 장로님으로부터 대장암 말기, 그것도 간까지 전이되었다는 청천병력 같은 소식을 들었다.

하나님은 암이란 질병을 통해 그의 영혼을 정화시켜 감동적인 간증을 하게 하셨다. 아픈 몸임에도 수많은 교회들과 교수협회, 그리고 미국 방송국과 한국의 '새롭게 하소서' 등 여러 곳에서 간증하며 거기서 받은 사례비 전액을 중국 선교비로 바쳤다. 중국에 신학교를 세워 새 시대를 이끌어 갈 젊은이들을 키우고, 자기는 그곳에서 잔디를 뽑겠다고 했다. 우리는 상상만 해도 흐뭇했다. 머리가 지금보다 더 백발이 된 모습을 그리며, 우리 교인들은 그분의 생명 연장을 위해 3일 동안 금식을 했다. 장로님은 이 세상에서의 마지막 날까지 건강하셨고, 잘 드셨으며, 명랑했다.

늦은 가을, 목사님이 낫으로 베어 낸 국화를 거두어 "집에다 꽂으면 향기도 좋고 건강에도 좋다."며 장로님 댁에 한 아름 안고 갔다. 그리고 장로님께 내년에 꽃밭에다 잔뜩 심으라고 했다. 그 모습을 지켜보는 내 마음은 매우 아렸다. 지금 그의 얼굴은 흑색이라, 내년에는 이 꽃을 못 볼 것 같았다. 들국화는 여름에는 예쁘지 않지만, 늦가을에 눈을 맞으면서도 색깔을 선명히 유지할 만큼 강하고 향기가 독특하다. 부인 권사님이 내게 말했다. 저 양반이 마음이 변했다고…. 지난번에도 낚시 갔다가 가방에다 꽃을 담아 가지고 왔는데, 원래는 꽃을 싫어해서 책갈피에 꽃과 단풍을 넣어 놓으면 "이게 무슨 짓이야!" 하며 털어내던 양반인데, 갈 날이 가까워서 그런지 마음이 변했다며 울었다. "그래요. 꽃이 만발한 천국에 가려니 마음이 예뻐져서 그래요." 했다.

늦가을, 학교에서 졸업생 사은회에 참석하고 돌아온 장로님께서 누가 100년 묵은 간장을 먹으면 좋아진다고 했단다. 지푸라기라도 잡고 싶은 심정이었던 것이다. 지인이 정성껏 구해 준 간장을 먹었더니 힘이 난다고 했다. 내가 보기에는 얼굴이 더 흑색이 되었는데, 좋아졌다고 하며 장로님 부부가 추수감사절 때 과일 바구니를 만들어 가지고 와서 힘 있게 찬양을 하였다. 그러고 나서 늦은 가을 날, 군산대 신우회 교수협회에서 목사님 모셔다가 설교하게 한 뒤, 본인은 헐떡이는 목소리로 마지막 찬양을 하고는 서울로 가서 크리스마스 이브에 하늘나라로 가셨다. 목사님은 통곡

하며 울었다. 목사님한테는 같이 뒹굴어도 좋은, 그런 친구였다. 그리고 장로님도 "천국 가면 나는 한사랑교회의 이이규 목사님에게 기도를 배웠고 신앙생활도 했다고 할 것"이라고 입버릇처럼 말하며, 정치하는 목회자는 싫다고 했다. 좀 더 살고 싶어 했던 모습때문에 지금도 마음이 아프다.

생명을 연장시켜 달라고 기도했지만, 사명이 다함으로 크리스마스 전날 하나님의 부르심을 받았다. 천국에서 구속하신 은혜를영원히 찬송할 줄 믿고 위로받는다.

24시간 동안 배를 타고 중국에 갈 때마다, 모든 일에 자신이 없어서 금식하며 일했다. 그런데 신기하게도 영성이 있고 심성 고운자들을 현지 사역자들로 붙여 주셔서 센터에서 좋은 인재들을 키울 수 있어 하나님의 섭리에 감사할 따름이다. 올해의 목표는 주석 책을 각 교회마다 전달하는 것이다. 신앙이 제도화되고 습관화되고 형식적이 되면 생명력을 잃기 마련인데, 그럴 수 있었던 나에게 선교의 체험은 참으로 귀중한 것이며, 앞으로 해야 할 일들도 또렷하게 보인다. 중국은 아직까지 외국인이 자기 민족을 지도하는 것을 끔찍하게 싫어한다. 중국은 쓰촨성 지진 이후 많이 깨어지고 있다. 쓰촨성에서 모택동, 장개석, 저자형 등…. 공산당 우두머리가 많이 나왔다. 중국에 대해 기도를 많이 해야 한다.

16

천상의 음을 받은
러시아로

2007년 여름, 러시아에서 선교하시던 유지열 선교사님이 오시면서 우리는 러시아가 하나님으로부터 예술의 큰 축복을 받은 나라임을 깨닫게 되었다. 사무엘을 러시아로 인도하시는 느낌이 오기 시작했다.

모스크바 차이코프스키의 초청장을 받고 비자를 준비하던 중, 목사님이 갑자기 "사무엘을 블라디보스토크로 보내야겠어." 하는 것이었다. 나도 "블라디보스토크에는 할 일이 있을 것 같아요." 그랬다. 하지만 나는 한편으로 고통을 느꼈다. 목사님은 "뭐 어때! 목회할 건데." 항상 답이 간단하다. 다행히 사무엘은 좋아했다. 그 모습을 보니 마음이 편안해졌다.

기도하고서 사무엘을 블라디보스토크로 보내기로 결정했다.

러시아는 1917년에 일어난 러시아 혁명을 거쳐 1922년에 소비에트 연방(소련)이 건국되면서 공산화가 되었다. 그 이후, 성도들은 무차별로 살해되었고 기독교 말살 정책 속에서 참혹한 박해를 당했다.

블라디보스토크에는 40명의 한국인 선교사가 있었는데, 경제적인 어려움 때문에 현재에는 20명이 활동하고 있다. 80만 명 정도의 인구가 있는데, 그 가운데 중국인이 10만 명이고 고려인이 5천 명이라고 한다. 고려인과 중국인이 선교의 불쏘시개가 되어야 한다고 느낀다. 동질성이 있어서 친화력이 강하다. 중국인들이 러시아에서도 상당히 자리를 많이 잡아가고 있었다. 선교원에서 미미하게 시작한 눈먼 음악이, 러시아에서 열매를 맺어 훌륭한 사모님과 음악 목사님들을 많이 배출했으면 한다.

믿음의 씨에는 생명이 있어서 언제나 자라고 분명한 열매를 맺는다. 2008년 10월, 드디어 선교사님과 연결이 되었다. 그분을 통해서 훌륭한 바이올린 교수를 만나게 되었다. 그의 제자들은 모스크바 차이코프스키 음악대학원에서 박사학위를 받았으며, 그만큼 실력들이 쟁쟁하다고 자랑했다. 통역하던 학생도 그 교수가 사무엘을 받아들이는 것을 신기해했다. 다만 사무엘의 가능성을 보겠다고 했다.

역시 러시아는 얼어붙은 곳이다. 내용적으로 중국보다 뒤떨어졌다. 블라디보스토크는 항구 도시로서, 군사기지 때문에 외부와 차단된 채 많이 고립되었고 낙후된 느낌을 받았다. 세 달 가량 지속되는 겨울에는 영하 15도에서 20도를 웃돈다고 했다. 물가도 한국보다 3배 정도 비쌌고, 거리는 정비가 안 되어 언덕과 비탈길이 많은데다가 겨울에 사고가 많고, 도둑들 때문에 외국차들은 거리에 주차를 전혀 못 한다고 했다. 게다가 좀도둑이 많고 인종 차별도 심한 나라였다. 사무엘을 러시아로 보내기로 결정하기까지 많은 고통의 시간이 있었다.

그러나 마음을 바꿔 "중국과 러시아의 언어를 얻고, 아시아의 선교사로서 천상의 음을 받아 하나님께 영광을 돌리기" 위해 기도하였다. 그 사이 사무엘과 함께 바이올린을 시작했던 은혜가 중간에 피아노로 전공을 바꾸어 열심히 노력한 결과, 2008년 10월 첫 주에 사무엘은 러시아 대학 준비반으로, 은혜는 군산대 피아노과에 특차로 들어갔다. 변변한 레슨 한 번 못 받았던 은혜가 이런 열매를 맺다니 너무 감사했다. 우리는 기쁨과 감사의 예배를 드렸다.

다시 한 번 사무엘 선교원의 노래가 귀에 들려온다. "지혜 명철 찬양 재주 자라나는 집 사무엘 선교원 주님에 동산~." 중국 선교

7년 만에 우리 세 식구는 러시아를 위해 기도로 준비하고 있었다.

2008년 12월, 사무엘을 데리고 블라디보스토크에 도착했다. 세리카 선생님을 만나 학비를 내고, 선교사님 사모님과 함께 정교회에 들어갔다. 너무나 아름답고 정결하고 엄숙한 분위기가 천주교보다 더 인상적이었다. 벽면마다 성인들의 그림이 그려져 있었고, 오전인데도 많은 사람들이 촛불을 켜놓고 곳곳에서 소리 없이 눈물을 흘리며 하나님을 바라고 있었다. 숨소리도 들리지 않을 만큼 조용한 것에 놀랐다.

사무엘은 처음 몇 달 동안 러시아 학생과 한 방을 쓰며 고생하다 중국인 학생 방으로 옮겨 갔다. 중국 학생들은 음식도 열심히 해 먹고 생활력 또한 강했다. 사무엘은 5년 동안 중국어를 했기에 소통에는 문제가 없었으나, 음식이 너무 기름기 있는 음식들이라서 마음이 쓰였다.

하나님께서는 창세기 1장 29절 말씀에서 "지면의 씨 맺는 모든 채소와 씨 가진 열매 맺는 모든 나무를 너희에게 주노니 너희의 먹을거리가 되리라." 하셨다. 그래서 사람의 이도 그에 합당하게 곡식 먹는 이, 과일과 채소 먹는 이, 고기 먹는 이를 3:2:1 비율로 주셨다. 하나님은 과연 만인의 참의사다. 고기는 조금만 먹으라는 것이다. 반면 사자는 견치(송곳니)만 주셨다. 고기를 먹으라는 것이다. 사자는 사냥을 하지만 어쩌다 식사를 하며 거의 배고프게 산다고 한다. 복팔분(腹八分, 음식을 위에 80퍼센트 정도만 차게 조금 덜 먹으라는 뜻)에 유념해서 살란 말이다. 과식을 하면 피가 모두 위장으로 모여 소화시키는 데 애를 쓰기 때문에, 머리의 혈액 순환이 안 돼 머리가 멍해지고 둔해진다는 것이다. 그래서 옛말에 많이 먹는 애를 멍청이라고 하지 않았는가! 세계 최초로 위 내시경을 시작한 일본 의사의 말을 빌리면, 남의 위장을 수없이 들여다본 결론은 고기는 아주 조금만 섭취해야 한다는 것이다.

다니엘은 채식을 하고 이방 나라에서 영향력 있는 국제적인 인물로 살았다. 유학은 음식도, 성격도 고칠 수 있는 좋은 기회이기도 하지만, 자칫 잘못하면 건강이 무너질 수도 있다. 사무엘이 집에 와서 햄을 찾았을 때 나는 깜짝 놀랐다. 입에 대지 않던 식품이었기 때문이다. 현미식도 못하고 있다고 했다. 현미의 씨눈에는 미네랄이 많이 들어 있고, 피트산(phytic acid)은 농약을 중화시킨다. 모리아 박사는 현미를 먹지 않는 국민은 망한다고 했다.

과일, 채소, 현미, 콩, 검은 빵 등 정제하지 않은 곡물을 섭취해야 한다. 한번은 사무엘에게서 전화가 왔다. 자기와 방을 함께 쓰고 있는 중국인 학생의 남동생이 예고에서 피아노를 공부하고 있는데, 학교에서 귀가하다가 러시아 학생에게 무자비하게 찔려서 지금 자기 방에 뉘어 놓았다는 것이다. 그 후 그 학생은 몸조리한 후 공부를 계속하지 못하고 본국으로 돌아갔다고 했다.

폭력에 대해서 우리는 합심으로 기도하기 시작했다. 사실 사무엘을 러시아로 유학 보내기 전에 이런 일이 있었다. 러시아로 사무엘을 보내기로 결정하고서 잠을 자는데, 꿈에서 누군가가 시퍼런 칼을 목에 들이대며 러시아에 들어오지 말라고 해서 목사님이 자다가 벌떡 일어나서는 "사탄아, 물러가라!"고 기도하는 것을 보았다. 각오는 하고 있었지만 사무엘 측근에서 이런 일이 생기니 절로 뜨거운 기도가 나왔다. 선교에서 물질도, 전도도 중요하지만, 우선적으로 해야 하는 일은 그 민족 가운데 역사하는 악한 영과의 싸움에서 기도로 승리해야 한다고 생각한다.

러시아 선교사님 한 분이 길을 가는데 돈 내놓으라고 해서 있는 대로 다 주었는데도 그냥 찔러서 상처를 많이 입으셨다고 했다. 특히 10대 아이들이 무서운데, 학교를 졸업해도 취직도 안 되고 별 희망이 보이지 않는 그런 상황에서 젊은이들이 갈수록 난폭해지는 것이라고 했다.

또 나치스주의(Nazism)라고 외국 사람을 한 명씩 죽이면 당원으로 들어갈 수 있는데, 특히 황인종에 대해서 잔인한 생각을 갖은 단체란다. 모스크바나 성바실리 쪽에서 활발하게 활동하고 있다고 한다. 목사님은 사무엘을 위해 아침마다 전화를 걸어 감리교에서 출판된 「하늘양식」으로 설교를 해 준다.

며칠 뒤, 또 전화가 왔다. "엄마! 러시아 학생이 내 가방을 몽땅 가지고 달아났어요. 다행히 바이올린은 괜찮아요." 하는 것이었다. 나는 "그래, 안 다친 것이 어디니! 기분을 감사와 웃음으로 바꾸어라. 우리가 어렵다고 구제를 너무 안 하니까 그런가 보다."고 말했다.

우리가 돕고 있는 선교사님이 말하기를, 생활이 안 되어 아파트 내놓고 그것으로도 안 되어 결국 길에서 얼어 죽는 사람들을 볼 때 진짜 비참함을 느낀다고 했다. 듣는 것만으로도 마음이 얼어붙는 것 같았다.

"엄마, 아침에 일찍 연습하려고 기숙사 문을 열고 나가는데, 어떤 사람이 기숙사 앞 쓰레기통 앞에서 우리가 먹다 버린 빵부스러기와 음료수 남은 걸 막 먹고 있어서 깜짝 놀랐어요." 한다.

"그래, 배가 고프면 누구든지 능히 그럴 수 있어. 우리 그런 사람들을 위해 기도하자."

또 한 번 전화가 울렸다. 전화만 오면 가슴이 쿵쾅거린다.

"엄마, 우리 냉장고에 바퀴벌레가 아주 누워 있어요!"

"약을 뿌려야지, 그런 일로 전화하면 어떻게 하니?"

"약을 뿌려도 소용이 없어요. 냉장고 기계 속에 아예 집을 짓고 서 알을 까고 사나 봐요." 하며 울상 전화가 왔다.

"처음에 러시아인 방에 있다가 중국인 방으로 왔잖아요. 그런데 러시아 애들은 바퀴벌레를 안 무서워하거든요. 아무래도 거기에 서 분양받은 거 같아요." 한다. 그러면서 "엄마, 중국 애들이 너무 싫어해요. 이 방에 퍼지면 큰일이라면서, 바퀴벌레 분양받은 러시 아 방에 이 냉장고를 줄려고 해요." 하는 것이었다. 면역이 강한 러시아 학생들은 바퀴벌레와 함께 지내도 병도 안 걸리기 때문에 그런 냉장고도 잘 사용한다고 했다. 병균에 대한 면역력이 강한가 보다.

밥을 하러 물과 조미료 통을 들고 주방에 가 보면 긴 널빤지 비 슷한 것 하나와 세면대 같은 것 하나가 부엌살림의 전부다. 그런 데도 러시아 아이들은 콧노래를 부르며 요리를 한다. 가난에도 부 에도 적응할 수 있다는 사도 바울 선생님의 생각을 떠올리며, 다 만 건강하기만 바랐다.

방이 비좁아 상도 없이 방바닥에서 밥을 먹는 애를 두고 오는 데, '나는 나쁜 엄마'라는 생각이 들었다. 세탁기는 물론 빨래 널 곳도 없는 곳에 아이를 두고 오는 내 마음은 지치고도 또 지쳤다. 녹초가 되어서 오는데 박 선생님 부인이 마중 나와 있었다. 속으로는 너무 고마웠지만, 이럴 때는 아무도 보고 싶지 않았다. 그러나 막상 만나 커피 한 잔을 마시니 마음이 따뜻해졌다.

내 속마음을 아는지 마중 나온 권사님은 "음악은 축복받은 자가하는 것이래요." 한다. 정말 그랬으면 좋겠다. 한편으로 '영어권에 가서 영어를 배우고 신학을 하면 더 편안할 텐데….' 하는 생각도 하였다. 이게 무슨 유행하는 말처럼, 생고생이란 말인가? 불평도 쏟아졌다. 그러나 우리 목사님은 갈등 같은 것은 전혀 찾아볼수 없다. 중국과 러시아 언어를 얻고, 그 문화를 깊이 이해하고, 찬송을 가지면 된단다.

이른 나이에 유학해서 중국어가 막 되기 시작하는 때에 다시 러시아어를 시작하고 새로운 문화를 접해야 하는 사무엘이 안쓰럽기만 하다. 언어의 혼란이 오지 않고 잘 적응했으면 한다. 영어, 중국어, 러시아어는 ABC를 각기 다르게 발음해야 하니 미안한 생각과 함께 걱정도 되었다.

굴곡이 심한 삶의 환경을 겪는 사무엘에게 바이올린은 항상 좋은 친구가 되어 주었다. 한국에서나 중국에서나 러시아에서나 음악이 주는 힘은 변함이 없다. 볼품없는 내 음악도 장례식장에서 엄청 슬픔에 빠진 사람과 있다가도 바이올린의 선을 그으면 어느새 이은숙으로 돌아오고, 잔칫집에 가서 기쁨에 들떠 있다가도 바이올린을 하면 금방 나로 돌아온다. 사람들과 함께 울고 웃으면서도 나는 나인 것이고, 나의 인생은 여전히 완성을 해 나가야 한다.

그래서 예술인가 보다. 그래서 고(故) 김수길 장로님이 늘 입버릇처럼 "내가 안중근이나 유관순 오페라를 가지고 이북에 들어가 봐요. 분명 감격하고들 다 울 거예요. 예술로 통일에 접근해 가야 해요. 정치하는 사람들은 뭘 몰라요." 하고 말씀하셨나 보다.

사무엘상 16장 23절을 보면, 사울 왕에게 악신이 임하여 번뇌할 때에 다윗 왕이 수금으로 찬송하므로 악신이 떠났다. 이런 다윗 왕은 성가대원 288명(역상 25:7)을 세워 거룩한 성의를 입히고 성막에서 하나님을 찬송하게 했다.

우리 목사님이 지금으로부터 35년 전, 하나님을 만나려고 국방색 담요로 창호지 문을 가리고 밤 깊도록 성경책을 읽다가 교회에 가서 기도하고 그럴 때 – 물론 부모님의 핍박도 받았지만 – 은혜의 깊은 세계로 인도되었는데, 그때 제일 먼저 천국의 찬송 소리가 들려왔는데 영혼이 녹을 만큼 아름답고 황홀한 소리였으며 마치 탕자가 회개하고 돌아왔을 때 하늘이 맞이하는 것 같은 소리였다고 한다.

또 목사님은 어느 때 아주 음란하고 폭력적인 음악을 듣게 되면, 그런 것들이 세상 곳곳으로 흘러들어 사람들의 영혼을 타락시키는 것을 느끼게 된다고 했다. 따라서 오늘날 청소년들은 음악도 잘 가려서 들어야 하고, 특히 연주하는 신앙인들은 성령의 감동과 감화로 거룩하게 구별된 음악인답게 하나님께 영광을 돌려드리는 음악을 하도록 해야 한다.

　은혜 충만한 찬송시와 작곡이 좋은 연주자를 통해서 주께 영광 드리기를 원하는 마음 가득하다. 블라디보스토크에 센터를 마련해, 중국처럼 아침저녁으로 예배드리고 채식과 현미식을 하고 장래의 찬양 일꾼들을 훈련시키는, 러시아에서 주어지는 우리의 또 다른 사명을 위해 준비하고 기도한다. 하루빨리 러시아에서 인종 차별과 폭력이 사라지고, 성령 충만한 민족으로 변화되어 유리같이 맑은 영성들로 회복해 가길 기도한다.

17

서원대로 얻은 아들아!
내가 무엇을 말할꼬

2010년 2월 20일 어느새 추운 겨울이 지나고 봄이 오려 하는데, 사무엘은 다시 블라디보스토크로 가야 한다. 네가 떠난 후에는 교회 주변에 한겨울 무서운 추위를 이겨 내고 버틴 기특한 봄동초들이 땅을 뚫고 올라올 것이다. 사람들이 많이 다니는 길가에 자라는 야생초일수록 미네랄이 풍부하다고 한다. 그 이유는 추위를 견디며 인내할 때 땅 속에서 진액을 빨아 올렸기 때문이다. 온상에서 자란 채소들보다 영향이 풍부한 것은 비교할 수 없는 것이다. 비록 모양은 초라하고 먹기에 질겨도, 그 가치를 알면 안 먹을 수가 없지. 인생에서 겪는 고생은 하나님이 쓰시기에 합당한 그릇으로 만들어지기 위해 거쳐야 하는 과정인 것이다. 모조품은 모양도 그럴듯하고 주변에 많기도 하나, 나름의 가치를 가지지 못한다. 하지만 이런저런 풍파 속에서 다듬어진 자연석은 그리 흔하지 않은 만큼 귀한 자치를 지니지. 엄마는 우리 사무엘이 대장부답게 강하게 서서 연단받기를 바란다.

사무엘아, 너는 어렸을 때부터 선교라는 이름으로 여러 나라에 유학하면서 많은 경험을 쌓았지만, 반면 평범한 사람들은 모르는 고통도 많이 겪었다. 또 바쁘다는 이유로 늘 가족 간의 대화가 부족해 어머니 아버지에 대한 너의 이해가 부족할까 봐 염려도 되었단다. 오늘 이렇게 글을 쓰는 이유는 너와 못다 나눈 대화를 하고 싶어서 일기처럼 쓰게 되었다.

너는 남자아이라 자수를 놓아본 경험이 없겠지만, 엄마는 어렸을 때 우리 어머니를 따라서 수를 놓아본 경험이 있단다. 그런데 앞면에는 아름다운 새가 날고 화사한 꽃들이 피어 있는데, 바로 뒷면을 보면 풀칠한 매듭과 실로 지저분하기가 이루 말할 수가 없단다. 하지만 그 뒷면이 없다면 어찌 그리 아름다운 자수를 만들어 낼 수 있겠으며, 또 사람들로부터 감탄을 자아낼 수 있겠니? 이 세상에는 눈에 보이지 않게 세상을 아름답게 만드는 사람들이 많이 숨어 있단다. 사무엘은 충분히 이해할 수 있겠지?

세상 모든 부모들과 나 역시 자녀들을 훌륭하게 키우고 싶어서 학교를 보내는데, 너를 복중에서 창조하신 하나님은 특별히 너를 위해 광야 학교를 준비하고 계시단다. 이스라엘 땅에 불었던, 싹과 열매를 맺게 하는 단비와 같은 서북풍 바람과 뜨거운 동남풍 바람 같은 성령의 은혜가 너에게 임하길 바란다.

사람의 힘으로 바람을 막거나 바람이 어디로 불지 예측할 수 없는 것처럼, 나도 네 앞날을 모른다. 바람의 길은 하나님이 내시는 것이지, 인간이 스스로 조절하는 것이 아니다. 하나님께서 역사의 이면에서 눈에 보이지 않는 손길을 통하여 모든 역사를 주도하고 계심을 믿어야 한다. 인내하며 기도하고, 하나님이 너를 부르실 때마다 성경에 나오는 사무엘처럼, "제가 여기 있습니다, 말씀하세요." 하는 순종의 사람이 되어라.

육신의 어머니이기에 두렵고 떨리는 마음으로 믿음의 갈대상자를 만들어 너를 거기에 담아 하숫가 갈대 사이에 가만히 둔다. 어미의 복중에서 짓기도 전에 이미 너를 아셨던 창조주 하나님이 너를 인도해 가실 것이다.

3월 31일, 고난주간이다. 밤새 봄비가 내리더니 교회 앞길에 쑥이 파릇파릇 돋아나고 있다. 쑥을 뜯어서 쑥떡을 만들어 러시아에서 중국, 러시아, 한국 학생들과 함께 부활절을 보내고자 한다. 너는 달걀을 많이 삶아서 준비해 놓아라. 부활절에 아카데미 기숙사에 기독교 동아리를 만들려고 준비하며 기도하고 있다. 앞으로

러·중·한에서 찬송을 가진 사모님, 목사님들이 더욱 많이 배출될 수 있기를 기도하며, 중국처럼 러시아에도 선교센터를 달라고 기도한다.

사무엘아, 네 아빠는 거대한 나무를 심는 손이기 때문에 잔잔한 꽃으로는 만족하시지 않는단다. 거대하고 뿌리 깊은 백향목을 수도 없이 심어 하나님의 집을 건축할 것이다. 너와 나는 그러한 아빠를 더욱 이해하고 힘들어하지 말자. 아빠가 하는 일은 땅 속 깊은 일이다. 앞으로 많은 교회들을 청소해 내고 큰 열매를 맺을 것이다.